図解

一瞬で人を操る心理法則

Naito Yoshihito

心理学者 内藤誼人

PHP

もくじ

【図解】一瞬で人を操る心理法則

第3章 無言で人を操る …… 51

第8章

はじめに

毎日は「説得」の連続だ

本書のタイトルは『一瞬で人を操《あやつ》る心理法則』である。そして、本書の内容もタイトルどおり、〝一瞬で人を操る心理法則〟を誰にでもわかるように詳しく解説している。

だが、本当にそんな好都合なことができるのか、疑われる人もいることだろう。

〝人を操る〟だなんて催眠術師みたいなこと、自分にできるはずがない！

そもそも〝一瞬で〟だなんて、TVドラマ『HEROES』に出てくる超能力者でもないかぎり、できるわけがないじゃないか！

このように最初から身構えている読者もいるかもしれない。

しかし、ここで断言しておこう。

〝一瞬で人を操る〟ことは、催眠術師でなくても誰にでもできるし、その〝心理法則〟のカラクリさえ身につけておけば、超能力をもっていないあなたにだって可能なことなのだ。

じつは、あなたはすでに、コミュニケーションを通して他人を操りながら生きている。何かを頼んだり命令したりして、自分の主張を相手に理解してもらい、あなたの思いどおりに動かそうとしている。これを心理学では「説得」という。

そして、あなたの「説得」が成功し、うまく人を操ることができることもあれば、相手の抵抗や拒絶にあい、失敗することもある。

そう、周囲の人々との日々のコミュニケーションは、自分の主張を相手に理解してもらうための「説得」の連続なのだ。

コミュニケーションは〝一瞬〟で決まる

本書の〝心理法則〟を理解し、きちんと体得すれば、「説得」の成功率は確実に上がる。なぜなら、心理法則を知ることは、人間の心理を知ることになるからだ。

これまでのように、ただ闇雲に「説得」するのではない。人間心理の〝真理〟を知ったうえでの「説得」は、やりようによっては催眠術師以上に人を操ることができるものなのだ。

それも、すべては〝一瞬〟で決してしまう。

最初の挨拶の一言だけで。ちょっとだけ見せた笑顔ひとつで。タイミングよく発せられた言葉ひとつで。あるいは、かすかな身体の動きひとつだけで、あなたの「説得」が成功するかどうかが決まってしまうのだ。

このことは、ちょっと考えてみれば誰にでもわかる簡単な事実である。

たとえば、お笑い芸人のやり取りを想像してほしい。ボケの一言に対して一瞬でツッコミを入れられないお笑いほど、つまらないものはないだろう。

あるいは、街中のナンパ師。彼らはナンパの際には機関銃のように言葉を投げかけ、相手の女性に一言も口を挟ませないようにするからこそナンパが成功する。それを「どうして声をかけたかって? えーと、それは……」などと考えながら言葉を選ぶようでは、どんな女性も引っかからないだろう。

家電売り場の店員に、「この新製品の一番の魅力は何ですか?」と尋ねたのに、質問に対する答えが一瞬で返ってこないようでは、買う気はすっかり失せてしまうはずだ。

このようにコミュニケーションは、いちいち考えずに、一瞬で口をついて出る言葉によって成り立っている。だからこそ、相手を説得し、思いどおりに動いてもらうためには、適切な言葉（行動）が一瞬で出る（できる）ようにしなければならない。

だが、ここまで読んで、尻込みした人はいないだろうか。

「そんなお笑い芸人みたいに頭が速く回るわけがない！」

「この僕が、ナンパ師の口説き方を身につけることなんて本当にできるのか？」

「一瞬でできないからこそ、優秀な営業マンになれないんだよ！」

大丈夫。あなたにだって十分可能なことだ。最初からできる人なんて世界中どこを探してもいない。すべては練習あるのみ。


コミュニケーションというものは、何度も実践することであなたの血肉となる。使わなければ何にもなれない。心理学とは実践で磨かれるものなのだ。本書の中でも身につける方法をわかりやすく解説しているので、どうか最初から諦めないでほしい。

人を操れると成功する

そもそも、人を説得して思いどおりに操ることができると、どんな効果があるのか、はっきりと理解できているだろうか。

「口説くテクニックを身につけて彼女をゲット！」

「説得の技術で優柔不断な彼に結婚を決断させる！」

「プレゼン能力を高めて企画が通るようにする！」

それもいいだろう。だが、もっと大きな社会的成功を目指すことだってできる。

アメリカの億万長者たちに「あなたが成功した理由は何ですか?」と聞いた調査結果を、ニューヨーク州立大学のトマス・スタンリー教授が報告している。それによると、成功の秘訣は、

1位　人とうまくつき合えること
2位　誠実さ
3位　自己鍛錬

であった。

また、心理学者のガルダ・ボウマンが有名企業の社長に「何が成功に役立ったか」というアンケートをとったところ、「コミュニケーション」という回答が最も多かった。

アメリカの大富豪や大企業のトップになるのに一番必要なことは、遺産でも容姿でも優秀な成績でもない。他人とうまくつき合っていくためのコミュニケーション能力なのだ。

つまり、自分の主張をうまく伝え、それを相手に受け入れてもらう「説得」の能力だったのである。

これで、本書のタイトルが『一瞬で人を操る心理法則』である理由と、それが誰にでも必要で、そして可能であることをご理解いただけたと思う。

心理学とはコミュニケーションの研究であり、人間関係の秘密を法則にするのが仕事だ。

そして、心理学が明らかにした数々の心理法則を理解することで、あなたも数々の心理テクニックを身につけることができるようになるのだ。

これまで何かを我慢して耐えてきた人や、自分の力不足を嘆《なげ》いてきた人もいるだろう。しかし、本書の心理法則を理解することによって、人を操ることはたやすくなるはずだ。

人間関係がよくなり、人に好かれ、社会的に成功する。そして何より、幸せになれるだろう。少なくとも、その願いから本書が書かれていることを、最初にお伝えしておきたい。

内藤誼人

心理法則

第1章

心理会話で人を操る

“人を操る”とは、なんて不遜な行為であろうか。
それも、意のままに操作してしまうのだ。
しかし、人の心というものは、意外とたやすく揺り動かされる。
映画を観るだけで、絵画を鑑賞するだけで、本を読むだけで、
心はあっさりとその虜にされてしまう。
その最も強力なものが「言葉」、つまり「会話」である。

心理法則

01 説得は〝量〟が決め手

量が多ければ記憶に残りやすい

相手に何かを伝えて理解してもらいたいのに、軽く聞き流されてしまうことはよくあることだ。

とくに相手が忙しいときには「うん、わかった。また後で」などとあしらわれるが、相手は次の瞬間にはこちらのことなど少しも覚えていない。

そんな取りつく島もない相手であっても、何度も何度もお願いすれば、「しつこいヤツだな～」と嫌味をいわれながらも確実に記憶にとどめてもらえるようになる。

つまり、たとえばデートの誘いを1回断られたからといって諦めるのは早いということだ。もし1回で諦めてしまえば、相手はあなたに誘われたことすら忘れてしまうかもしれない。

1回断られても、めげずに2回、3回と誘ってみよう。そうやってしつこくねばるうちに、相手の記憶には確実にあなたの存在が刻まれていく。

記憶に残ることになれば、相手の心にもあなたの存在が残り、相手の心までも揺り動かすことができるようになる。

ここで、その心理学的証拠を提示しよう。

オハイオ州立大学のリー・マッコロー博士は、架空の男性用アフターシェーブローションの広告を使って、くり返し効果と忘却の関係について実験をおこなった。

すると、広告を1回見せるよりも、やはり5回見せたほうが記憶に残ったのだ。

つまり、**意識的にも無意識的にも、人間の記憶はくり返しによって強化される**ということだ。

しつこくてもかまわない。何度も何度もくり返して、記憶を強固なものにしていこう。

そうした記憶が残ればしめたもの。その記憶こそが、あなたの説得の第一歩になるからだ。

説得効果は時間とともに薄れてしまう

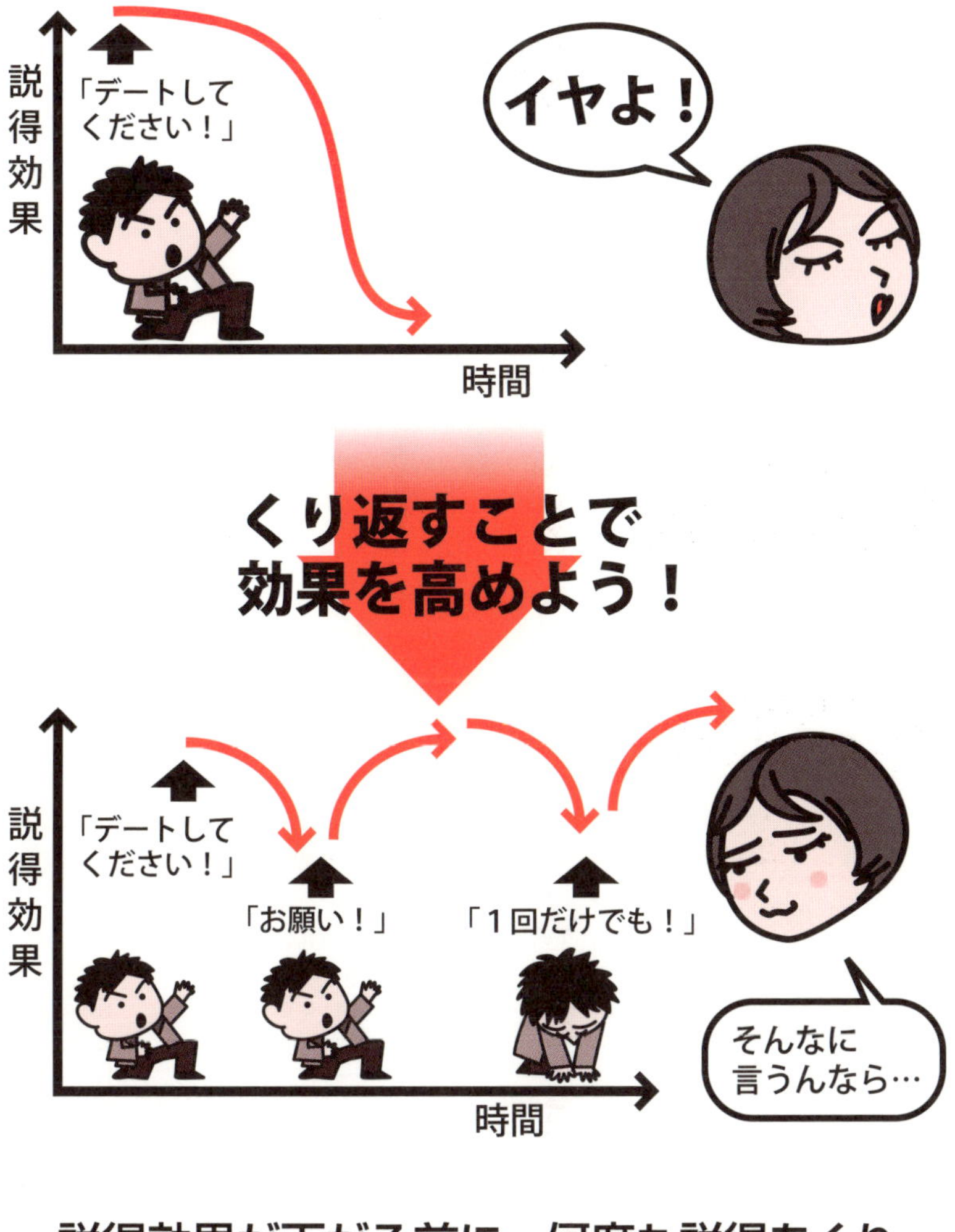

説得効果が下がる前に、何度も説得をくり返そう。そうすれば、それだけ説得効果は高まる

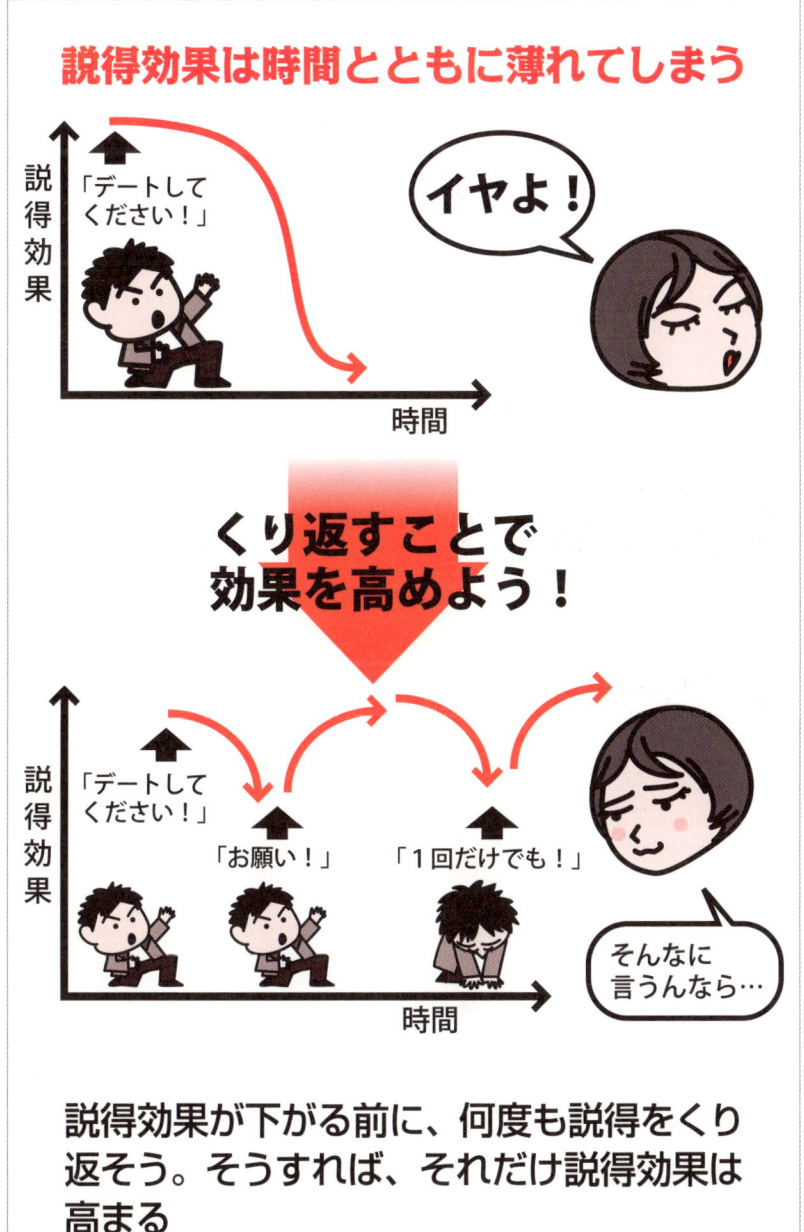

心理法則

02

量より〝数〟で説得しろ！

リクエストはした者勝ち

くり返しが〝量〟だとしたら、この〝数〟は主張の多さを意味している。

結論からいってしまえば、人は1つの主張よりも、より多くの主張があったほうが説得されやすいということだ。

先に実験データから紹介しよう。

イリノイ大学のボビー・カルダー博士は、〝数〟の重要性について、模擬裁判実験をおこなった。その結果、検察側の論点が1つだと、有罪とする評価が9点満点中の3・09点となり、論点が4つだと4・77点、論点が7つだと4・97点になった。

つまり、争点となる論点が多ければ多いほど、検察側の主張が通り、有罪となる確率が上がったのだ。

このことから、**人に何かをお願いするときには、数多くのお願い項目があったほうがいい**ことがわかる。

たとえば、飛行機の座席をリクエストするときには、

「非常口に近い席がいい」

「近くに子どもがいない席にして」

「静かに眠れるところがいい」

といった具合で、思いつくかぎりのリクエストを出す。

もっとも、どの要望が通るのかはわからない。1つだけかもしれないし、全部受け入れられるかもしれない。

ただ、確実にいえるのは「何もリクエストしなければ、イヤな席に回される可能性が高い」ということだ。

会社での企画会議であれば、自信満々のA案を1つだけ提示するのは、賢明ではない。どんなにあなたに自信があろうと、採用されるとはかぎらない。

かならずA案だけでなく、B案、C案と数多くの企画案を用意しよう。そうすれば、あなたの企画が採用される確率はグッと上がるはずだ。

説得材料は多ければ多いほどいい

コーラ
DRINK
なんだ、
コーラ
しかないのか
1つしか選べない
→何も選ばないことも
ソーダ
コーヒー
コーラ
ジュース
お茶
DRINK
いっぱいあるな、
どれも
欲しいな～
いくつもの中から選べる
→選ばれる可能性が上がる

相手に何かを要求するときには、相手が検討できる材料が多ければ多いほどいい。それだけ相手は選びやすくなるからだ

心理法則

03 根拠がなくても説得できる

自信をもって説得しろ

よく耳にする話だが、最近の小中学校の先生方は自信を喪失しているらしい。

先生のいうことを聞かない生徒が多くなってきているとか、学校に無茶な抗議ばかりするモンスターペアレントに怯えてとか、事情はいろいろあるだろう。

しかし、そもそも先生方が自信をもって教えないからこそ、生徒に先生の主張が伝わらず、よけいに自信をなくすことになっているのだと筆者は考えている。

人に何かを教えるときや何かを説得するときに、自分に自信がなければ、それは相手に伝わってしまうものだ。「ここで叱ると、この子の親からクレームがくるかも」とか「こんな要求、どうせ聞いてもらえない」とか「こんな無茶をしたら嫌われるかもしれない」と思っていると、その気持ちはかならずオモテに出てしまう。

反対に、自信満々で、確信に満ちた態度で堂々と主張すれば、聞く者の心を動かし、説得しやすくなる。

スタンフォード大学のユーマ・カーマーカー博士は、あるイタリアンレストランを評価する文章を105名の大学生に読ませる実験をした。

その文章は「確信をもって評価している」ものと、そうでないものの2種類を用意し、別々のグループに読ませた。その結果はもちろん、「確信をもって評価している」文章を読んだグループのほうが、より心を動かされた。

だから、自信のなさを見せては絶対にダメなのだ。「たぶん」や「もしかしたら」などという言葉を使っては、相手の心は動かされない。

根拠のない話でもいい。理由っぽいものが少しでもあれば十分だ。ただ**自信をもって、確信に満ちた態度で主張すれば、人の心は動かせる**のだ。

人を説得したければ自信に満ちた態度で

堂々とした口調で、自信のある説明

不確かで、あいまいな説明

自信のなさを見せてしまうと、相手は不信感しか抱かないものである。「絶対に」「かならず」といった確信に満ちた言葉を使うべきである

心理法則

04 説得上手な声とは？

説得するときは大きく低い声で

小さな声でぼそぼそと話す人は、なんとなく頼りない。これは多くの人が実感していることだろう。そして自信家の人ほど大きな声で堂々と話す、と。

しかし、これは順番が逆だ。自信家だから声が大きいのではなく、声が大きいから自信ありげで、堂々として見えるのだ。

マサチューセッツ州にあるブランダイス大学の心理学者、ジャネット・ロビンソンの実験を紹介しよう。

彼女は2人の男が会話している音声をテープに録音し、被験者に聞かせる実験をおこなった。このとき、テープを再生する音量を70デシベルと75デシベルに分けて聞かせた。ちなみに5デシベルという音量の差は、人間の耳ではほとんど区別できないレベルのものである。

この実験結果は驚くべきものであった。つまり被験者たちは、75デシベルのテープのほうが「論理的で話に説得力がある」と答えたのだ。

ということは、**声のボリュームをほんの少し上げるだけで、話に説得力をもたせ、相手の心をより大きく動かすことができる**ということである。

声の大きさを倍にしろとはいわない。2割増程度でいいから、これまでより大きな声で話すようにしよう。

大きな声で話せるようになったら、次にはなるべく低い声で話すようにしたいものだ。

左図に示した実験結果からわかるように、**人は低い声で話されるほど、その内容を信頼するようになる**のだ。

またこの実験では、高い声で話すと、信頼性がなく、共感できず、無能で神経質、という評価を受けることもわかっている。

説得するときには大きく、そして低い声を意識しよう。これは自分を冷静沈着な大物に見せるコツでもある。

低い声ほど信頼感が高くなる

実験内容

コロンビア大学の心理学者ウィリアム・アップルは40名の男子学生を対象に、「声の高さによって人が受ける印象がどのように変化するのか」を調査した。
社会問題を論じた同じ文章の音声テープを、機械的に「低い声」「普通の声」「高い声」の3種類に分け、それぞれを学生たちに聞かせた。

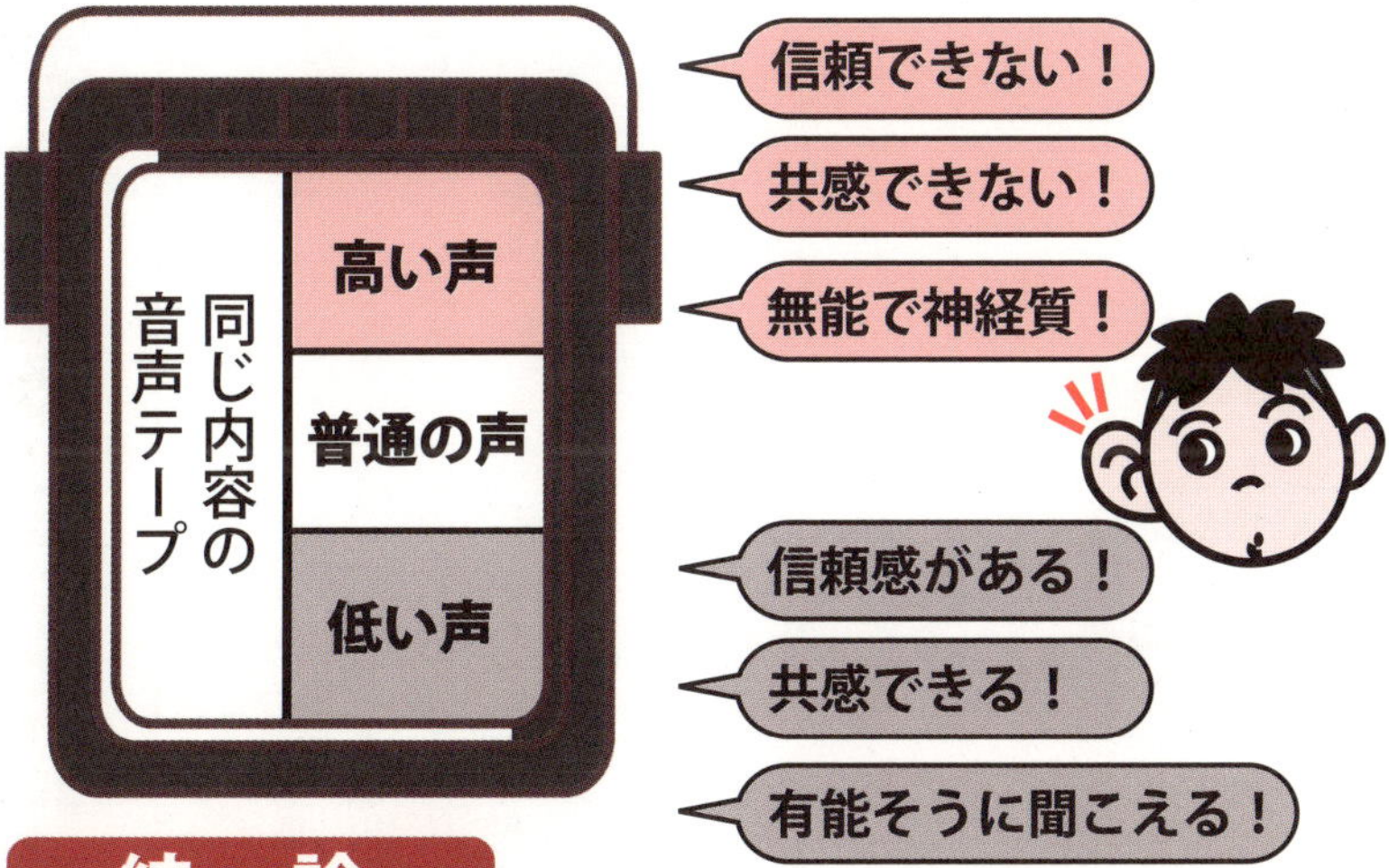

結　論

低い声で話すほど信頼性が高まり、高い声で話すと、信頼性がなく、共感できず、無能で神経質、という評価を受けていた。

説得するときは、できるだけ低い声を意識しよう。これは自分を冷静沈着な大物に見せるコツである

心理法則

05 恐怖心をあおって相手を揺さぶれ

ネガティブ・フレームの効果

たとえば、あなたが禁煙に何度も失敗していると仮定しよう。ニコチンガムもパッチも試したけれど効果がなかった。もう二度と禁煙なんてしないと諦めるつもりでいた。

しかし、お医者さんから「今すぐ禁煙しないと、死んでしまいますよ」と宣告されたら、どうするだろうか。少なくとも「禁煙したらもっと長生きできますよ」といった前向きなメッセージとは比べものにならないほどの恐怖心を感じるはずだ。

言葉としてインパクトがこれだけ変わるのだ。

心理学では、前者のようなネガティブな表現のことを**「ネガティブ・フレーム」**と呼び、後者のようにポジティブな表現のことを**「ポジティブ・フレーム」**と呼んでいる。

そして、説得効果のみで考えるなら、明らかに**ネガティブ・フレームのほうが効果が高い**。言葉の枠組みをほんの少し変えるだけで、説得効果は格段にアップする。

ペンシルベニア州にあるベーレントカレッジの心理学者メアリー・ピントは、全米で人気の24の雑誌（フォーブスやニューズウィーク、ヴォーグなど）に掲載されている広告を３０００以上分析した。

その結果、広告で商品をアピールするのに最も多く使われていた手法は「恐怖心をあおる」というもので、これが43％だった。

要するに「このままでは太りますよ」「病気になりますよ」「異性にモテませんよ」といったネガティブなメッセージによって、読者の恐怖心をあおっていたのだ。

広告業界でこれだけネガティブ・フレームが溢れ返っているということは、それだけ恐怖説得の効果が高いということの証拠になるだろう。

シチュエーションによって使う言葉を分けてみる

ポジティブ・フレーム	ネガティブ・フレーム
「タバコをやめると食事がおいしくなるよ」	「タバコ吸っているとガンで死ぬぞ」
「甘いものを減らせば痩せられるよ」	「甘いものばかり食べていると太るぞ」
「新聞を読んだら知識が増えるぞ」	「新聞くらい読まないとバカになるぞ」
↓	↓
言葉として**優しく響く**	言葉として**強いインパクト**がある
↓	↓
ふだんはできるだけポジティブ・フレームを使う	どうしても相手を説得したいときにだけネガティブ・フレームを使う

ポジティブ・フレームとネガティブ・フレームは、状況によって両者をうまく使い分けると効果的だ

心理法則

06

イメージさせると説得しやすい

イメージできないものは意味がない

人を説得するときに、その内容を相手がイメージできなければ、相手にあなたのメッセージは伝わらず、意味をなさない。つまり、説得などできやしない。

たとえば、そろそろ寝室のベッドを買い替えたいと思っている妻が、その説得を夫にする場合、なんと説明すれば夫は同意してくれるだろう。

「最新の人間工学なんですって」「ダブルクッションよ」と説明したところで、夫の頭には何も浮かばない。

「多数のコイルが体中を雲のように支えて腰がラクなの」「ダブルクッションで羽毛布団のように沈むのよ」「ベッドに入ることが楽しくなりそうだわ」

などと説明すれば、夫の頭には具体的なイメージが次々に浮かび上がり、喜んで買い替えに同意するどころか、あらぬ期待さえ抱かせてしまうかもしれない。

オーストラリアのニューサウスウェールズ大学グラハム・クーパー博士のおこなった実験報告がある。

博士は中学生を対象に、これまで習ったことのないエクセルという表計算ソフトの手順を学ばせた。

その際、ただ手順を学ばせたグループと、「手順をイメージさせながら」学ばせたグループに分け、その後の試験で習熟度を調査した。

その結果、前者が平均時間403秒で合格率87・5％だったのに対し、「イメージさせながら」学ばせたグループでは、平均時間250秒で95・5％の合格率だった。

つまり、イメージさせながら学んだ生徒のほうが、時間も速く、なおかつ正確に操作できていたのだ。

やっていることに変わりはないのに、**頭の中でイメージを描くかどうかだけで、結果は大きく変わってくる。**

目の前に対象物があるわけでもないのに、イメージできるかどうかだけで、説得効果は変わるのである。

イメージがわくかどうかが勝負の分かれ目

イメージがわかないメッセージ
彼女、とっても美人なんだ
オレ、もうメロメロだよ
お前もきっと好きになるよ
へ〜え
イメージがわくメッセージ
髪が長くて目が大きい美人なんだ
上野樹里似かな
少女時代みたいに美脚でさ
マジ!? 会いたい〜

イメージできないメッセージは、相手にとってはなんの意味もなさない。したがって、なんの効果も生まれない

心理法則
07
ユーモアで心の扉を開け!

話にユーモアを盛り込む

笑いは会話の潤滑油になる。

ここでの潤滑油とは、ただ会話をスムーズに進行させるためだけにあるのではない。笑いとは「相手の心の扉を開く」ための潤滑油でもあるのだ。

たとえば、壺の訪問販売にやってきたセールスマンと話しているときは、多くの人が警戒心や緊張感を抱いている。しかし、セールスマンの軽妙なトークによって、少しでも笑ってしまったら、もうおしまいだ。

警戒心や緊張感が消え失せ、あなたは心の扉を開いてしまうだろう。そして、まんまと壺を買うはめになる。

また、ユーモアそのものが人の関心を引く、というデータもあるので紹介しておこう。

オランダのラドボウド大学マデリン・ストリック博士が91人の大学生を対象に、栄養ドリンクの架空の広告を見せておこなった実験である。

使われた広告は、効能を列挙した一般的な広告と、ユーモアのある漫画付き広告の2種類。そしてそれぞれの印象を調べたところ、ユーモアを使った広告のほうが関心を引き、購買意欲も高まることがわかったのだ。

ストリック博士は、ユーモアは、影響を受けていることに気づかせないで説得することを可能にすると指摘している。

つまり**ユーモアは、警戒心や理性的な判断を無力化し、心の中に入り込む力をもっている**のだ。

ユーモアや笑いは、それだけで人を楽しい気分にさせる。そして楽しい気分は、その対象に好意をもたせることができる。

本当は欲しくもなんともない壺だったのに、セールスマンの軽妙なトークにさんざん笑わせられたあなたは、もはや「帰ってください」とは言えなくなるのだ。

笑いは心のガードをゆるめてしまう

警戒心によるガード
中国3000年の歴史が生んだ逸品ですよ！
いらないのでお帰りください
高価な壺
ユーモアで笑う
あるダンナさんがこの壺を買ったら宝くじに当たって浮気したらそれが奥さんにバレちゃったんですよ！
笑い話
もしよければどうですか？
笑い話
そうねえ、考えてみようかしら

ユーモアは人を笑わせることができる。笑うと人は、相手に対して好意をもってしまう傾向がある

心理法則

08

記憶を書き換える会話術

3回くり返せば記憶も捏造できる

人は自分の記憶に絶対の自信をもっている。しかし、本当は、人の記憶ほど当てにならないものはない。

この記憶とは、物忘れとか、ど忘れとか、そんなレベルのお話ではない。

人の記憶というものは、忘却どころか、タチの悪いことに、**他者によって簡単に書き換えられてしまうほど不確かなもの**なのだ。

ケント州立大学のマリア・ザラゴザは、記憶の捏造《ねつぞう》について興味深い実験をおこなっている。

まず、255名の大学生に5分間の強盗場面のビデオを見せた。

そして上映終了後にビデオの内容について質問していくのだが、このときビデオ中にはまったくなかった情報を、彼らの記憶に埋め込んでいくのだ。

たとえば、犯人は素手だったのに「あの手袋をはめた犯人ですが……」と質問したり、犬などいなかったのに「吠えている犬がいたと思いますが……」と聞いてみたりして、暗示をかけたのである。

そしてザラゴザの実験によると、「犬」なら「犬」の暗示を1回だけかけた場合よりも、暗示を3回かけた場合のほうが、記憶の歪《ゆが》みが6倍以上も大きくなっていたという。

この記憶の捏造は、通常のビジネスシーンでも大いに使える。

たとえば相手に対して「たしか本日ご契約いただけるというお話でしたが」「Aプランでのお申し込みということでしたが」などと、勝手な前提を捏造しつつ、話を進めてみるのだ。

相手は「あれ？　そんな話したっけ？」と思いながらも、契約まで話を進めてしまうだろう。

人の記憶は書き換えられる

何度もくり返すことによって、架空の前提を捏造でき、記憶さえも塗り替えることができるのだ

人間心理を知っておこう…

陽気な声で語ろう

誰でも陽気な声で話しかけられると、それだけで嬉しくなるというもの。反対に陰気な声で話しかけられると、とたんにイヤ～な気分になってしまうはずだ。

コロンビア大学のトリー・ヒギンス博士は75名の大学生にテレビゲームをやらせ、一方のグループには陽気な声で「うまいな！　うまくプレイできたらポーカーのチップをあげよう」と声をかけた。

しかし別のグループには、まじめな声で声をかけた。

実験を終えて自由時間にし、実験者がいなくなっても学生たちが同じゲームをやり続けるかどうかを調査した。

すると、「陽気な声」をかけられたグループでは70・7％が同じゲームを選んだのに対し、「まじめな声」をかけられたグループでは44・1％しか同じゲームを選ばなかった。

つまり、陽気な声をかけられたグループほどそのゲームが楽しくなり、もっとその気持ちを持続させたいと思ったのだ。

だから、とくに励ましの言葉やねぎらいの言葉を人にかけるときは、努めて陽気な声を出すようにしよう。それだけで、相手にはちゃんとメッセージが伝わるのだ。

イメージとしては、〝元気な子どもの弾んだような声〟が最高である。

心理法則

第2章

質問で人を操る

説得というと、要求をグイグイと押しつけるイメージがある。
そこで一転し、もっと“受け身”な方法を紹介しよう。
それが、「質問」である。
質問の仕方しだいでは、
相手の言葉が変わり、心までも操作できる。
それも、あくまで受け身なので、まったく気づかれずに、である。

心理法則

09 質問しだいで相手は動く

命令するな、質問せよ

最近の若いヤツは、ちょっと叱っただけで落ち込んでしまう。怒鳴っただけでパワハラ扱いされる。それどころか、平気で辞表を叩きつけてくる。

いつの時代にあっても、若い部下とのコミュニケーションに悩むのが上司というものだ。

そこで、どんな世代に対しても有効な心理術がある。「確認法」と呼ばれる手法で、質問の形をとりながら、じつは相手の心を操ってしまうテクニックだ。

つまり、**相手に何かを命じたい場合、「命令」ではなく「確認」に変えてみる**のだ。

たとえば「あの報告書、ちゃんと明日までに仕上げるんだぞ！」と命じたければ、「あの報告書、明日までに仕上がるよな？」と確認する質問に変えてみるのだ。

他にもこんな例が考えられる。

×命令「こんな仕事、さっさと片づけろ！」
○確認「これくらい、お前ならすぐにできるだろ？」
×命令「今晩中に終わらせるんだぞ！」
○確認「今晩中に終わりそうかい？」
×命令「謝ってこい！」
○確認「謝りに行ったほうがいいんじゃないか？」

こうして言葉の枠組みを変えるだけで、かなり柔らかい印象になり、相手は説得されやすくなってしまう。つまり質問の形にすることで、選択権は自分にあるように感じられ、押しつけられている事実を隠してしまうのだ。

ただし、あまりしつこく確認をくり返すと「ウザイ上司」になってしまうので、その点だけ注意しよう。

部下へのアプローチを「確認」にする

×命令「早く報告書を仕上げてくれ」

↓

○確認「そうそう、あの報告書、仕上げてくれた？」

×命令「今晩中に終わらせるんだぞ」

↓

○確認「今晩中に終わりそうかい？」

×命令「あの企画書は急ぎだからな」

↓

○確認「あの企画書って、急ぎだったかな？」

×命令「今度の日曜は休日出勤だぞ」

↓

○確認「今度の日曜、出勤できるかな？」

×命令「謝ってこい！」

↓

○確認「謝りに行ったほうがいいんじゃないか？」

「命令」を「確認」の質問形にするだけで、
かなり印象が柔らかくなる

心理法則

10 答えを誘導する話し方

あなたでもできる誘導尋問

「誘導尋問」とは、質問する者が希望する内容の答弁を誘導することで、その供述を得ようとする質問手法だ。

裁判では証人に対して誘導尋問することが禁じられているほど強力な心理術であるから、決して悪用してはいけないが、じつは誰にでもできる手法でもあるのだ。

フィラデルフィアにあるウルジヌス大学のガブリエル・プリンサイプ教授は、175名にあるお話を聞かせて、それから記憶のテストと称し、その内容について質問をした。

ただし、その質問は、あえて事実とは反するような聞き方をした。

たとえば、お話の中では「ウサギがニンジンを食べた」などという事実はなかったのに、質問者はそしらぬ顔をして「ウサギが食べたのは何でしたか？　ニンジンでしたか？　それともレタスでしたか？」と尋ねたのである。

すると90％の人が、どちらかの野菜を「食べた」と答え、「ウサギは何も食べていません」と正しく答えられた人はわずか10％しかいなかったのである。

つまり、**相手の反応というものは、こちらの質問の仕方によって大きく歪めることができる**ということだ。

じつは、こうした誘導尋問のことを心理学では「ワーディング」と呼び、それを心理学の実験で使用することは厳しく戒《いまし》められている。恣《し》意的な調査結果を出すことなど、たやすいからである。

しかし、あなたが仕事やプライベートの場で実践するぶんには何も問題ない。

たとえば「みんな賛成してるんだけど、この企画どう思う？」と質問すれば、相手はかなりの確率で賛成してくれるだろう。人を味方につけるには、巧みな質問によってうまく誘導してやることが肝心である。

ニセ記憶は簡単に作れてしまう

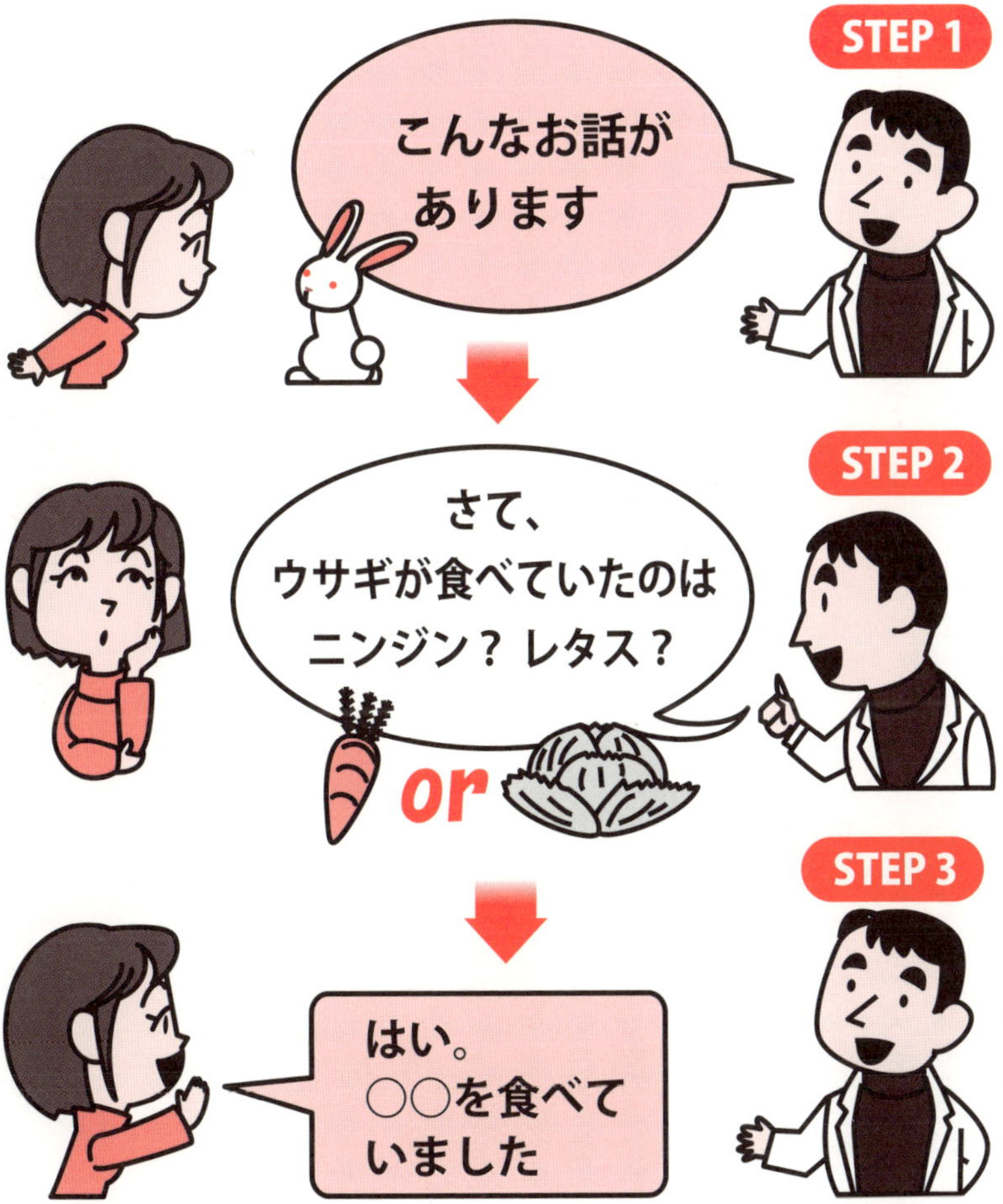
STEP 1
こんなお話があります
STEP 2
さて、ウサギが食べていたのはニンジン？ レタス？
or
STEP 3
はい。○○を食べていました

実際には何も食べていなかったのに 90%の人がニンジンかレタスを食べていたと答えた

心理法則

11 悪くもない相手を責める方法

相手に濡れ衣を着せてしまう

なぜ、えん罪が起きるのか？　なぜ、自分に不利なウソをついてしまうのか？

米国の心理学者S・カッシン博士の実験を紹介しよう。

博士は被験者に、パソコンに一定速度で指示どおりのキーを打つ作業を与えた。ただし、その際に「Alt キーを押すとデータが全部消えてしまうので、絶対に押さないように」と念を押しておいた。

しかし、作業を始めてしばらくすると、突然パソコンが停止してしまう。被験者には隠して、あらかじめプログラミングされていた事態である。

被験者たちは Alt キーを押してはいないが、いきなりパソコンが停止したので慌てふためいてしまう。

そこに、驚いた博士が走ってきて「キミが Alt キーを押したのか？」と問いつめる。「自分でも知らないうちに指が触れたんじゃないのか？」と詰問《きつもん》された被験者たちは、はたしてどんな反応を示したか――。

なんと、69％もの人が「はい、押しました」と認めてしまったのだ。押した覚えなどありもしないのにである。

しかも、どうやって押したのかと尋ねると「こう、こうかな？　こんな感じに小指が……」などとインチキな記憶まで作り上げていた。

つまり、**覚えのないミスを他人から強引に責められると、そのストレスから逃れるために、人は安易に自分の落ち度を認めてしまう**ということだ。

たとえば、あなたの連絡ミスでミーティングに遅刻してきた部下がいたら、あなたは素直に謝るかわりに、「2日前に知らせただろうが！　メールチェックしてないのか⁉」と逆に部下の失態を責めてみよう。

かわいそうなその部下は、きっと自分の落ち度を認めてしまうだろう。

落ち度のない相手のせいにする

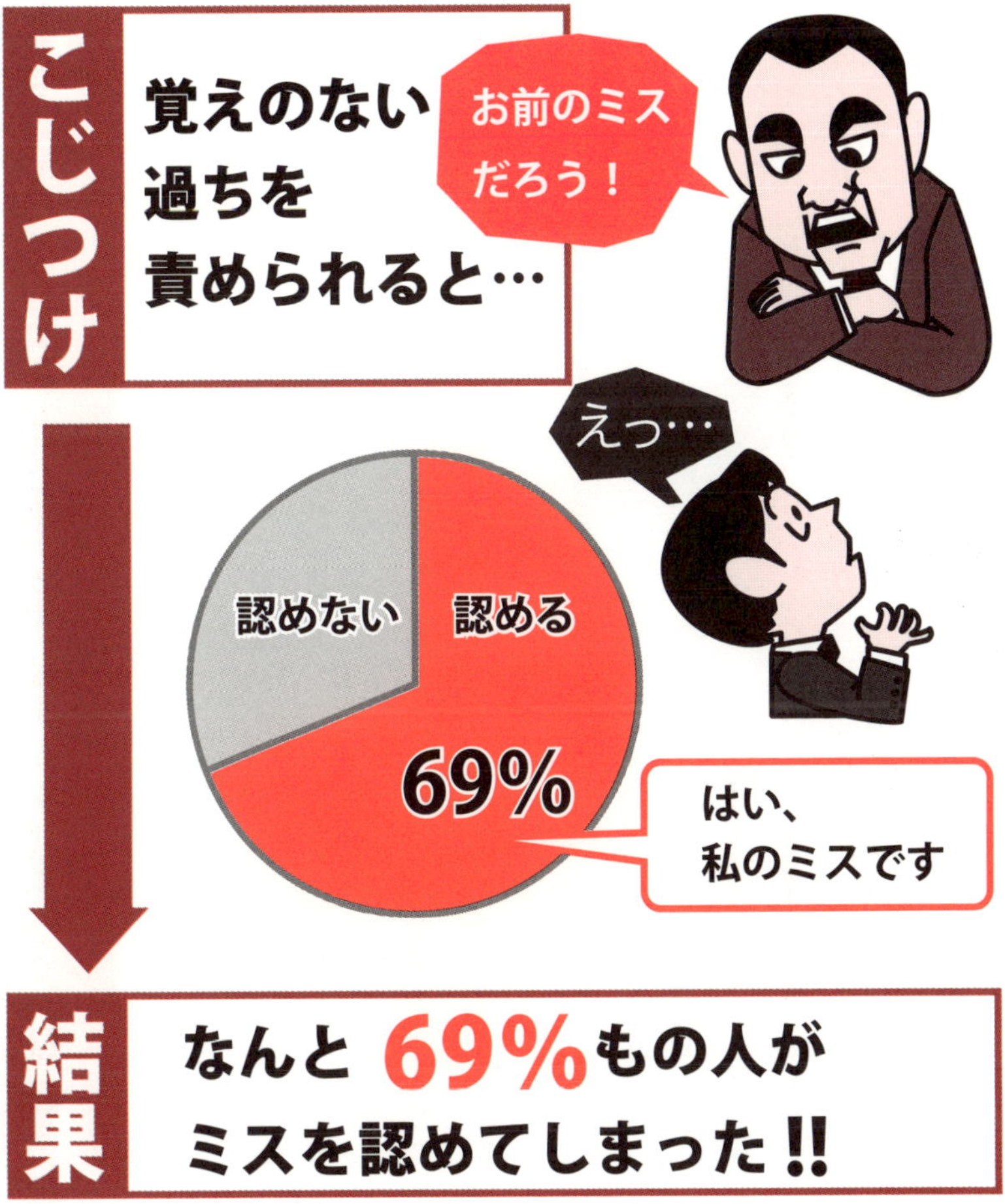
こじつけ
覚えのない
過ちを
責められると…
お前のミス
だろう！
えっ…
認めない
認める
69%
はい、
私のミスです
結果
なんと 69%もの人が
ミスを認めてしまった!!

他人から強引に責められると、人はそのプレッシャーに耐えられず、やすやすと自分の非を認めてしまう

心理法則

12 確実な予定を知りたいときの質問法

最悪の想定こそ現実的

意識的であれ、無意識的であれ、人間は見栄を張ってしまう生き物だ。

たとえば会社の後輩に「今度のプレゼン用の資料、明日までにできる？」と聞いたら、ほとんどが「できます」と答えるだろう。

しかし、実際に翌日までにできるとはかぎらない。

カナダにあるサイモンフリーザー大学の心理学者、ロジャー・ビューラーは37名の大学生を対象に、こんな実験をおこなった。

まず、学生に論文の課題を出して、それを仕上げるのに必要な日数を予想させたのだ。すると平均「33・9日」が必要とされた。

次に「最悪のハプニングが次から次へと起きたとして、その場合にはどれくらいの日数が必要か」と質問したら、平均「48・6日」となった。

ところが、現実に論文作成にかかった日数は、平均「55・5日」であった。

大学生たちは「自分ならこれくらいでできる」と見栄を張り、しかも論文を甘くみてしまったのだ。

自分のこととなるとつい甘い点数をつけてしまうのが人間というもの。ビューラー博士のこの実験では、最悪の想定でさえ、実際にかかった日数からみれば甘い判断であったのだ。

なので、**現実に近い予測をしたいのであれば、最悪の事態を想定すれば、甘い読みはなくなる。**

相手から正確な情報を聞き出そうと思うなら、「最悪、どれくらいかかりますか？」と質問するのがベストだ。

とくに仕事上の納期や見積もりなどは、この方法で「最悪の場合」を聞いておくと、あとで余計な混乱を招かずにすむだろう。

正確な情報の聞き出し方

人気レストランの待ち合い室で

Q どのくらい待ちますか？
A すぐにご案内できます
Q 時間がないんです。本当のところどのくらい待ちますか？
お客側
A 10分少々お待ちになるかもしれません
Q 最悪の場合どのくらい後になりますか？
A 1時間後になることもあります
レストラン側

こちらの聞き方ひとつで、答えはさまざまに変わる。「最悪の事態」を想定させれば、かなり確実な予定を聞き出せるだろう

心理法則

13 本心を聞き出す技術

他人に投影させればホンネが出る

あなたは初対面の人に対しても物怖《ものお》じせずに、思っていることをズバズバ主張できる快活なタイプだろうか。

それとも、相手のことをよくわかってからでないと自分の意見を表明できない慎重なタイプだろうか。

米国ラバーン大学のN・ビューイ博士によると、**わたしたちは「他人にどう見られているか」をひどく気にする生き物で、そのため、本当の意見をなかなか明かそうとしないのだ**そうだ。

これを心理学では「評価への恐れ」と呼ぶ。

お互いまだよく知らない間柄なのに、軽はずみな一言を発して相手を怒らせてしまったり、誰かの悪口をつい言ってしまったりして評価を下げてしまうと、大きな痛手だ。その印象はなかなか消えてくれないからだ。

そんな悪い評価を下されないように、人は自己防衛のため、本心を明かすことに慎重なのである。

とくにプライベートな質問になると、ホンネを明かさないのが普通で、たとえば「あなたはセックスが好きですか？」と尋ねられて、素直に答える人はいないだろう。質問者に対して「なんて失礼な！」と怒りだす人も出てくるに違いない。

しかし「多くの人はセックスが好きだと思いますか？」と聞かれれば、ほとんどの人が答えてくれるはずだ。

つまり、**「あなたのこと」としてではなく、「他人のこと」として尋ねればいい**のである。

「あなたは正直者ですか？」と尋ねるのではなく、「ほとんどの人は正直者だと思いますか？」とか、「一般的に人は正直者だと思いますか？」などと聞いてみよう。

そうすれば、自分のことではないので安心して質問に答えてくれ、しかも、他人のこととはいいながら、そこにはきちんと自分の意見も投影されているのだ。

他人の口を借りると口が軽くなる

直接的に聞くと…
あなたは A子さんがいい人だと思いますか？
えーと、そうね、いい人よ
A子
他人に投影して聞くと…
みんなは A子さんをいい人だと思っていますか？
う〜ん、あんまり評判はよくないわね
A子
本心が見えてしまう！

「周囲は」「一般的に」「ほとんどの人は」と言い換えて他人に投影すると、ホンネをもらしやすくなるのが人間というもの

心理法則

14 名前を呼ぶだけで好意が得られる

質問にはかならず名前を追加しよう

わたしたちは自分の名前が大好きだ。

だから、人に質問するときには、なるべく相手の名前を呼びかけよう。気持ちのいい質問のできる人、頼みごとのうまい人は、自然な形で相手の名前を付け加えることを忘れない。

飲み屋や美容院で、お店の人があなたの名前を呼んでくれると嬉しいものである。常連、上客として認められたような気分になるのだ。

あるいは会社でも、上司から「オイ、これやっといてくれ」と頼まれるより、「○○君、これやっといてくれ」と名前を呼ばれたほうが気分よく仕事ができるだろう。

心理学では、こうした心理を「社会的報酬」という言葉で説明する。**相手の名前を呼ぶことは「あなたの存在を認めていますよ」「あなたの価値を認めていますよ」という報酬（プレゼント）行為になる**のである。

南メソジスト大学のダニエル・ハワード博士は、名前の効果について次のような実験結果を報告している。

まず、被験者の学生たち全員に自己紹介をさせ、その後話があるからと個別に部屋に呼び出す。そして次の3つの条件で会話をする。

①名前を呼ぶ

②名前を呼ぼうとするものの「すまない、名前を忘れてしまった。もう一度教えてもらえるかい？」と聞く

③名前をいっさい呼ばない

そしてハワード博士の持っているクッキーを買うかどうか聞いてみたところ、①では90％、②では60％、③では50％の学生がクッキーを購入した。

つまり、名前を呼ばれると嬉しくなり、それが「社会的報酬」による懐柔策《かいじゅうさく》であることに気づかずに、財布のひもをゆるめてしまったのだ。

名前を呼ばれると財布のひもがゆるむ

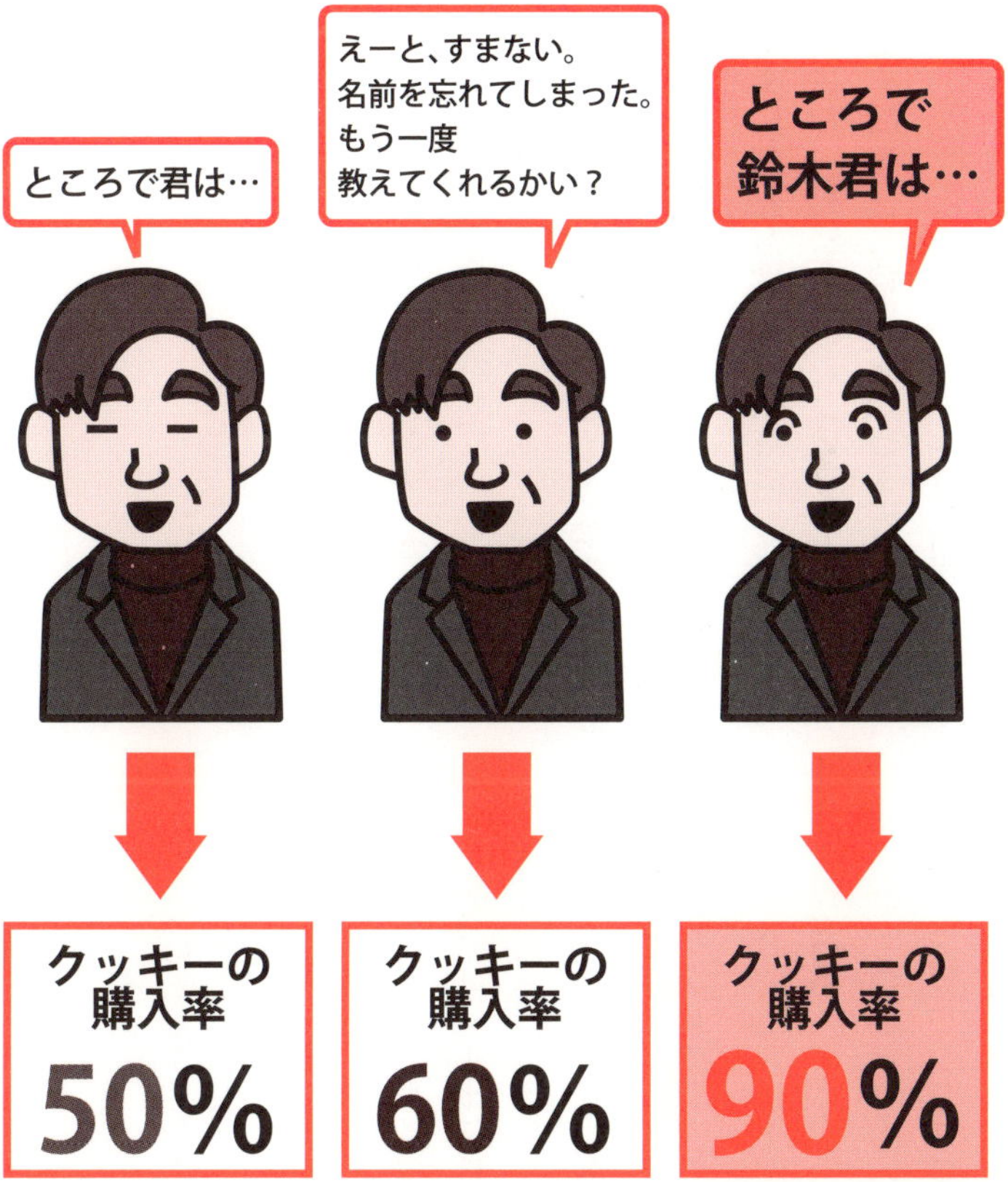
ところで君は…
えーと、すまない。名前を忘れてしまった。もう一度教えてくれるかい？
ところで鈴木君は…
クッキーの購入率 50%
クッキーの購入率 60%
クッキーの購入率 90%

(Howard,D.J.et al)

自分の名前を呼ばれるだけで嬉しく感じ、「社会的報酬」の効果によって心も財布のひももゆるんでしまう

心理法則

15 遠い未来ほど可能性が高くなる

選択肢を残すには先送りすべし

まだ小学生だったころ、あなたは自分の将来像をどう思い描いていただろうか。

宇宙飛行士？　アイドル歌手？　プロサッカー選手？　それとも、億万長者との結婚？

どんな夢でもいいが、それが現実味を帯びてくる高校生や大学生になってからは、どんな変化をみせただろう。おそらく、幼いころの夢は夢として箱に収められ、現実的な選択肢だけが残されていたのではないだろうか。

人は、遠い未来に関しては夢想家になり、多くの可能性があると信じるが、近い未来のことになると現実的になり、合理的な判断をして選択肢を減らすようになる。

ここで興味深い実験データを紹介しよう。南カリフォルニア大学のガルデン・アルクメン准教授による報告だ。まず、学生を2つのグループに分け、1つのグループに「来月のある1週間、どれくらい食事と娯楽にお金を使うか」を聞いたところ、平均額は430ドルであった。

しかし、もう一方のグループに「来年のある1週間、どれくらい食事と娯楽にお金を使うか」を聞いたところ、平均額は607ドルに増えていたのだ。

つまり、近い未来には現実的になれるが、遠い未来のことになると現実味を感じられなくなってしまうのだ。

そこで、要求が通らないときには、要求をいったん引っ込めて先延ばししてみよう。そうすれば、選択される可能性が先送りされ、いつか要求が通るかもしれない。

たとえば、好きでもない男性から結婚のプロポーズをされ断ったのに、「来年ならいい？」「3年後ならプロポーズしてもいい？」と食い下がられたら、どんな女性も「NO」とは言いづらくなるものだ。

消費税の増額議論も「今年からではなく数年後に増税」とされれば、うなずく人も多くなるというものだ。

すぐ先の予定のことになると現実的になる

質問1

来週はどのくらいお金を使う？

う～ん、来週は宿題が多いから
400 ドルくらいかなあ

学生

見通しが現実的になり厳しくなる

質問2

来年であれば、
ある1週間にどのくらいお金を使う？

う～ん、きっといろいろ遊ぶだろうから
600 ドルくらいかなあ

学生

見通しがあいまいになり甘くなる

遠い未来の話になるといろいろな可能性が考えられるために、どうしても見通しが甘くなってしまう。その甘さを利用して相手を口説くことができるのだ

心理法則

16 やってはいけない質問法

相手の心に土足で踏み込むな

胸襟《きょうきん》を開いて語る、という言葉がある。その名のとおり襟《えり》を開いて（心のネクタイを外して）、ざっくばらんに語り合う、といった意味である。

しかし、いきなり相手につかみかかり、強引にネクタイを解くのはいけない。そんなものは単なる暴行だし、相手が異性だったら完全なセクハラ行為だ。

ミシガン州立大学の心理学者、カルマン・カプランは「プライベートな質問」が人の心に与える影響について、こんな実験をしている。

実験は、被験者たちに疑似的なビジネスの採用面接をおこなうというもの。このとき、プライベートな質問を織り交ぜるか、一般的な質問のみにするか、2つの条件に分けて面接をおこなった。

ちなみに、ここでのプライベートな質問とは「あなたはセックスの夢を見ますか？」「初体験の年齢は？」「両親についた一番ひどいウソは？」といったものである。

そして疑似面接終了後、面接官への好意度を聞いたところ、プライベートな質問をしてきた場合は19・7点、一般的な質問だった場合は30・9点だった。

人は、いきなりプライベートな領域に踏み込まれるのを嫌うものなのだ。

ちなみに、この失敗を犯してしまうのはビジネスマンだけではない。とくに注意してほしいのが、お母さんが子どもに「あなた、学校でいじめられてない？」などと聞くこと。

これはまさに、子どもの一番デリケートな領域に土足で踏み込むような行為だ。当然、子どもは「いじめられてないよ」と否定し、いつまでも本心を明かせないことになってしまう。

質問とは、かくもデリケートな心理術なのである。

デリケートな質問は間接的に

NG
学校でいじめられてない？
いじめられてないよ！
プライベートな領域に直撃
拒絶・否定
OK
最近、学校は楽しい?
……うん。じつは……
プライベートな領域に触れない
好意・本音

人はいきなりプライベートな話題、デリケートな話題を持ち出されると、心のドアを閉じてしまう

人間心理を知っておこう…

NGワードにご用心

あらゆる会話において、人がたじろいでしまうようなNGワードがある。説得する際にそのようなNGワードを使うと、その説得はかならず失敗に終わることになる。

そのひとつが「お金」だ。

カリフォルニア大学のウェンディ・リュウ博士は199人を対象にオンライン調査をおこなった。

肺がんを主題にして、全国がん協会への募金を募ったのだ。

その際に、「あなたはどれくらいのお金を協力してくれますか?」とお願いをすると、あまり募金してくれなかった。

しかし「あなたはどれくらいの時間を協力してくれますか?」とお願いすると、たくさんの時間の協力の申し出があり、なおかつ、さらにたくさんの募金もあったという。

「お金」という言葉はボランティア気分に水を差してしまうが、「時間」という言葉に置き換えたことで、時間に加えてお金まで協力してもらえたのだ。

他にも「契約書」という言葉も人を尻込みさせてしまうNGワードだ。

使いたいときは表現を変えて、「この契約書にサインしてください」ではなく、「この書類にサインしてください」と言い換えてみるといいだろう。

心理法則

第3章

無言で人を操る

ここでは、言葉に頼らずに、無言のまま相手を説得する方法を扱う。
こちらからお願いをするような言葉はいっさい発しない。
自然に相手のほうから動きたくなる気分にさせるのだ。
むろん、超能力で人の心をもてあそぶわけではない。
いや、しかし、それに近い効果はあるかもしれない。
口を開かず、言葉に頼らず、手なずけてしまうのだから。

心理法則

17 「聞く技術」で人を操る

無言でも人の心は動かせる

相手の関心を引くような行為をしたり、相手の心をくすぐる賛辞を並べ立てたりして、好意を得ようとするのが苦手な人もいることだろう。

そんな人に朗報だ。相手から好かれようとする行為は、なにも言葉にかぎったものではない。むしろ言葉以外の手段によって攻めてこそ、相手に気づかれず、その心に触れることができるのだ。

そんな不思議な方法が本当にあるのだろうか？　答えはYESだ。それも、その方法とは、「相手の話をひたすら聞き続ける」だけのことである。

イースタン・ケンタッキー大学の心理学者、ローズマリー・ラムゼイは、最近自動車を購入した500名を対象に聞き取り調査をおこなった。

質問は「あなたが車を買ったとき、セールスマンは何をしていましたか？」というものだ。

すると、一番多かったのが「傾聴《けいちょう》していた」という答えだった。つまり、オススメの車種を押しつけてくるのではなく、まずは客の話にじっくり耳を傾け、要望を熱心に聞いてくれていたから、人々はそのセールスマンから車を購入していたのだ。

これは苦情受付のコールセンターでも同じで、苦情を訴えてきたお客をなだめる一番確かな方法は、とにかくお客の話を最後まで聞くことだという。

もちろん、ただ上の空で聞いていればいいわけではない。あくまでも「傾聴する」という意識をもって、熱心に耳を傾けることが重要だ。

熱心に話を聞いてあげることは、それだけで相手に対する「報酬」として機能する。見え透いたお世辞を並べるくらいなら、ただじっと相手の話を聞くほうが何倍も効果的なのだ。

黙って話を聞いてあげるだけでも効果はある

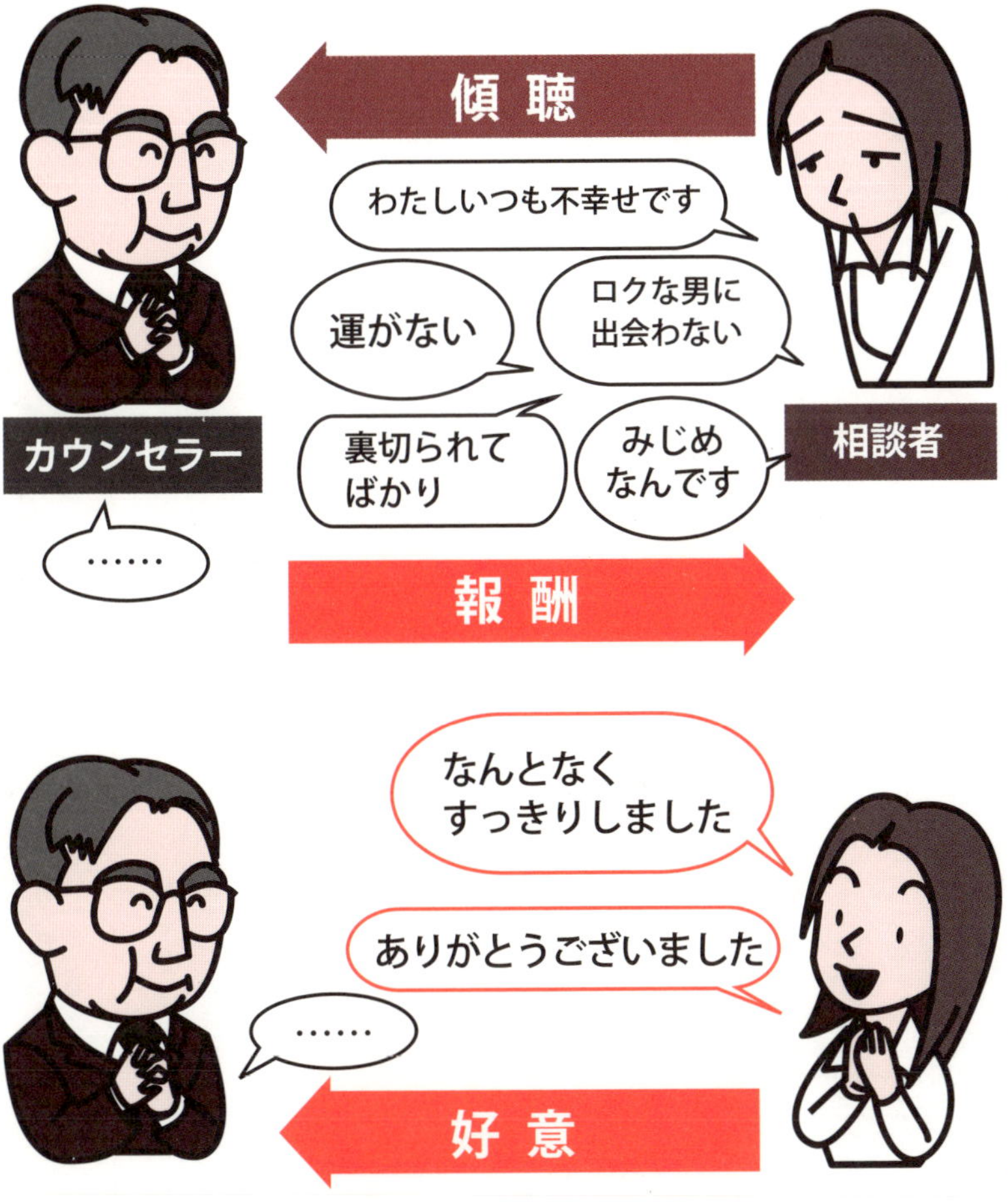
傾聴
わたしいつも不幸せです
運がない
ロクな男に
出会わない
裏切られて
ばかり
みじめ
なんです
カウンセラー
相談者
……
報酬
なんとなく
すっきりしました
ありがとうございました
……
好意

希望や要望、あるいは不満などの気持ちを聞いてあげると、それが報酬となって話す側に返され、相手に好意をもってもらえる

心理法則

18 「ページング」で共感させる

相手と同じリズムで動くだけ

シンクロナイズドスイミングなどを見ていると、よく「息の合った演技」という言葉を耳にする。

おそらくこれは「同調（シンクロナイズ）している」といった意味で使われている言葉だろう。

そしておもしろいことに、実際わたしたちも相手との呼吸を合わせると、気持ちまで同調させていくことができるのだ。

これは心理学の世界で「ページング」と呼ばれる技法で、その名のとおり「ペース」に注目したテクニックである。

早口の相手には早口でしゃべり、ゆっくりしゃべる人には、こちらもゆったりとした態度で接する。その他、表情から身振り手振りまで、あらゆるペースを合わせていく。

ただ、ここまで完璧にできるのはプロのカウンセラーくらいのもので、中途半端に全部のペースを合わせようとすると、逆に集中力が散漫になってしまう。

そこでたった1つだけ合わせていきたいのが「息」、つまり呼吸なのだ。

相手の胸元を見ていれば、呼吸のペースは簡単にわかる。そして相手が息を吸うときに自分も吸い、息を吐くときに自分も吐く。

こうやって呼吸のペースを合わせていくと、まさしく「息が合う」状態になって自然と体のリズムも同調してくる。こうして**息と体のリズムが同調してしまうと、相手はなんとなく共感を抱き、心を開いてくれる**。もちろん、そんなことはいっさい気づかず、なんとなく「この人とは肌が合うな」と思っているのだ。

相手の警戒心を取り払い、ホンネを引き出すには、まず呼吸のページングから始めてみよう。

「ペーシング」で相手と同調する

おっとりした相手にはゆっくりと

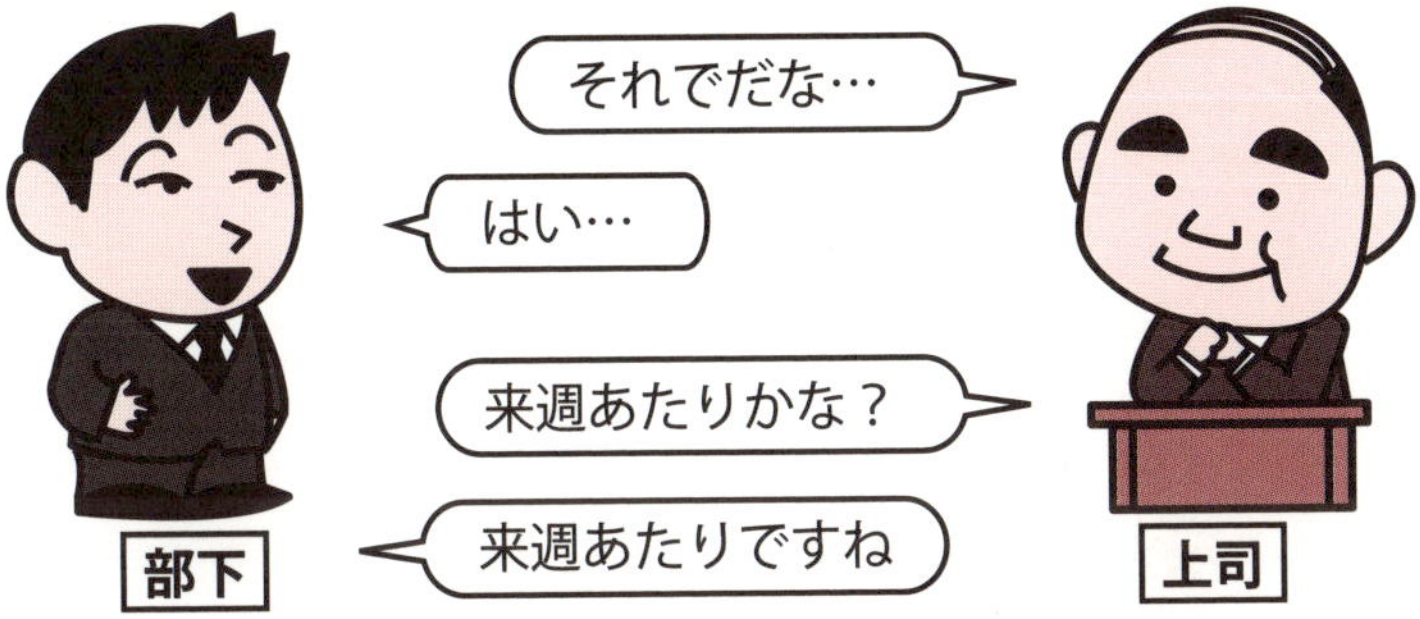
それでだな…
はい…
来週あたりかな？
来週あたりですね
部下
上司

せっかちな相手にはテキパキと

田中はどこ行った？
トイレです
たしか○○物産が…
○○商事では？
明日の予定だが…
はい、連絡済みです
部下
上司

同調することで信頼感が生まれる

相手のペースに自分も合わせると、まさに「息が合う」状態になり、警戒心のなくなった相手は気心を許してしまう

心理法則

19 沈黙は力なり

恐怖心をあおって優位に立つ

あなたは自分が行動を起こすとき、その最大の要因が何であるか知っているだろうか。

論理的に？　倫理感から？　それとも、善意によるもの？　違う。人を動かす最大の要因、それは身の安全を保つための〝恐怖〟である。

もしかしたら嫌われているんじゃないか、という恐怖。仲間外れにされるんじゃないか、という恐怖。必要とされていないんじゃ、クビになるんじゃ、という恐怖。人は、仲間や社会から疎外《そがい》されることを恐れるのだ。

この恐怖心を利用して、人を操ることができる。

アメリカにあるヴァサー・カレッジの心理学者、A・G・ハルバースタット博士らのグループは、国内15の主要雑誌の広告に掲載された男女モデルの写真を抜き出し、「笑顔」グループと、「微笑み」グループ、さらには「無表情」グループに分類した。

そのうえで、それぞれのモデルがどれくらい「強そうに見えるか」を測定する実験をした。

その結果、最も強そうに見えるモデルは、無表情のモデルだった（左図参照）。

これはどういうことかというと、**わたしたちは「無表情」な人間の顔に、〝恐怖〟を感じる**ということである。

無表情の人からは、どんな感情も読み取れない。つまり、何を考えているのかわからない。相手の考えが読み取れない場合、人はあらゆる場合に備えて自己防衛本能が働き、恐怖を感じてしまう。そのため、無表情は強そうに見えるのだ。

そこで、なんとかして自分自身を強そうに見せたい場合には、無言で無表情になるのが効果的だ。

それだけで、相手はあなたに力強さを感じてしまい、あなたの心的優位性が高まるのである。

無表情は強そうに見える

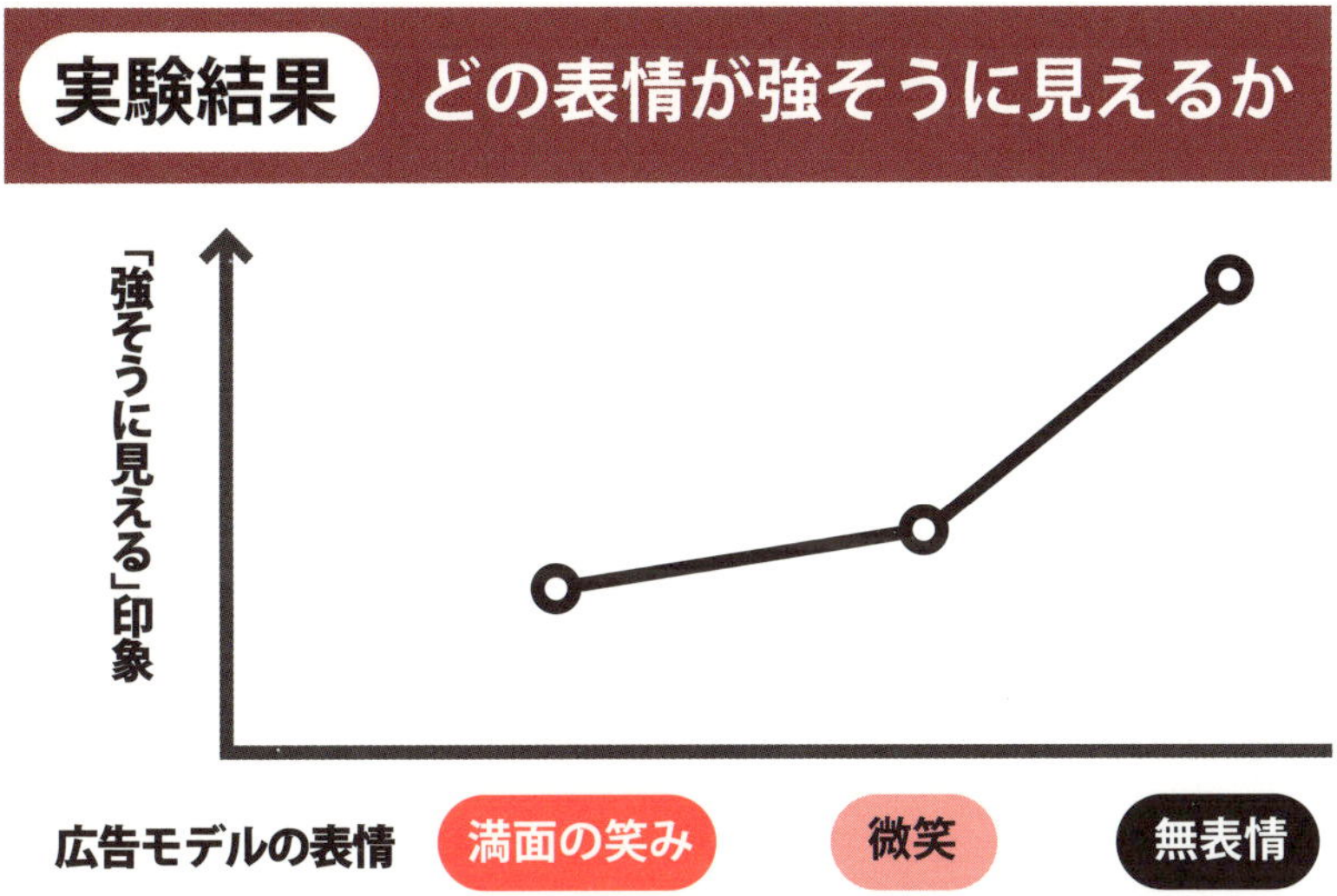
実験結果 どの表情が強そうに見えるか
「強そうに見える」印象
広告モデルの表情
満面の笑み
微笑
無表情

なぜ「無表情」は強そうに見えるのか？
無表情
感情が読み取れない
何を考えているかわからない
恐ろしい
強そうに見える

自分を強く見せたかったら「無表情」になって感情を読み取らせないことだ

心理法則
20 背中を見せて説得する

まずは自分から範を示せ

あなたは誰かからお説教をくらっているとき、心の中で「じゃあ、お前がやってみろよ！」と叫んだことはないだろうか。

議論のすり替えのようにも思えるこの叫びだが、じつは心理学的にはかなり真っ当な主張なのである。

アムステルダム大学のヴァン・デン・プッテ教授は、チョコレートバーの広告を何パターンも作成し、どのアピール方法が最も説得力が高いのか、比較実験をおこなった。

その結果、「このチョコレートはみんなが食べている」と社会性に訴える広告では、8％の人しか好意的反応を示さなかった。

そして「このチョコレートはおいしい」と利益に訴える広告では19％の人が好意的反応を示した。

しかし、最も効果的だったのは説得も何もせず、ただチョコレートをむしゃむしゃ食べてみせるパターンで、この広告は42％もの人が好意的反応を示した。

つまり**他者の行動を促そうと思うなら、まずは自分がやってみせるのが一番**なのだ。

たとえば、上司であるあなたが部署の誰よりも早く出社する。こうすると遅刻しがちな部下も早起きをするようになるはずだ。

もちろん、管理職の立場で20代の部下と同じように働くことは難しい。しかし、いざとなったら自分が出向いて話をつける、くらいの気概を見せていないと部下たちの心は簡単に離れていってしまうだろう。

部下たちは、あなたの声を聞くだけでなく、あなたの背中をしっかりと見ている。

真の説得力とは、言葉ではなく行動から生まれるものなのだ。

理屈より行動で人を動かせ

CHOCOLATE
チョコレートバー
広告③
広告②
広告①
このチョコレートはおいしい
このチョコレートはみんなが食べている
食べてみせる
利益のアピール
社会性アピール
支持率 42%
支持率 19%
支持率 8%

言葉や戦略を尽くした広告よりも、ただ「食べてみせる」広告のほうが圧倒的にアピール力がある

心理法則

21 知らないほうが幸せ効果

情報開示もほどほどに

日本には食品表示についての法律があり、ほとんどの食品や加工食品には「名称、原産地、賞味期限、栄養成分」などの表示が義務づけられている。

どこまでの人がカロリーの数値まで確かめて買っているかわからないが、このカロリーの表記があることで購買意欲が下がるという実験データがある。

米国ユタ大学のヒマンシュ・ミシュラ准教授は、消費者が商品に対して完全な情報を欲しがっているかどうかを、チョコレートの試食実験で調査した。

あるグループにはパッケージにカロリーなどの情報をすべて記載したチョコレートを試食させ、まだあと何個食べたいか聞いたところ、「1・9個食べたい」という回答を得た。

しかし、主成分のみしか記載していなかったチョコレートを与えたもう一方のグループの回答では、「あと2・9個食べたい」と、より多くなっていた。

つまり、カロリー表示のあるチョコなんかおいしく食べられたものではないが、知らなければもっと食べたいほど美味だったのだ。

この現象をミシュラ准教授は「知らないほうが幸せ効果」と呼んでいる。

「知らぬが仏」ということわざがある。知れば腹が立つことも知らないうちは平静でいられるというものだが、「知らないほうが幸せ効果」の場合は、**都合の悪いことは黙っておいたほうがいい、好都合なことだけを知っているほうが幸せだ**、というものだ。

だから、情報の開示もほどほどにしておくべきだ。

女性が結婚前にわざわざ「これまでさんざん遊びました」なんて告白をしたってなんのトクにもならないのだ（旦那さんは知らなければ幸せでいられたはずだ）。

「知らないほうが幸せ効果」とは？

情報なし
おいしそ～!!
情報あり
このステーキは
300グラムで
1500キロカロリー
あります
遺伝子組み換え
コーンで育てられ
た輸入肉です
食べるのやめて
おこう

情報はなんでも開示すればいいというものではない。情報を知らないことで、人は幸せになれることもある

心理法則

22 魔法のフレーズ「そうだよね」

語らずに相手の心をつかめ！

友人やガールフレンドから相談を受けて、自分なりに的確なアドバイスをしたつもりなのに、どうも相手が納得していない、という経験はないだろうか。

これは、完全にあなたのミスである。

相談者は「答え」を求めているのではない。ただ「わかってほしい」のであり、「受け入れてほしい」のだ。彼らは同意と共感、そして正当化を求めている。

だから、相談を受けたときに最も適切な対応は、まず「そうだよね」「わかるよ」と同意・共感を示すことだ。そのうえで、相手の話すことに耳を傾け、ただ黙っていればいい。

口から出る言葉は、「そうだよね」だけで十分だ。そのたった一言の効果は絶大だ。ここには「あなたの話は正当ですよ」「わたしはあなたの味方ですよ」というニュアンスまで含まれているのである。

そしてこのような肯定のことを、心理学では「社会的正当化」と呼ぶ。

ニューヨーク州立大学の心理学者、シドニー・シュレーガーは次のような実験をおこなっている。

被験者たちを男女混合の3人組に分け、一定時間グループで会話をさせた。そして会話の終了後、互いに対する印象を調べたところ、高い評価を受けたのは「自分の発言を肯定的に聞いてくれた人」だった。

一方「でもね」「ただね」「そうかなあ」「本当に?」など、否定的・懐疑的言葉を使う人の評価は低かった。

人の心をつかみたいなら、ウソでもいいから「そうだよね」と相手を受け入れることだ。

内心同意できなくても何も言ってはならない。ただあなたが受け入れることで相手も救われるし、あなたの人望も大きくアップするのである。

その人は「答え」など求めていない

答え
仕事のことで悩んでいるんだ
こうするべきだ
効果なし
同意・共感
仕事のことで悩んでいるんだ
そうだよね
わかるよ
効果あり

相談を受けたとき、正論の答えを返しても相手は不満。まずは「そうだよね」と共感してあげることが大切

心理法則

23 殺し文句の「あなただけに」

言葉だけでも極上のサービスを

「お客様だけに特別にお教えしますが……」
「これは他にはお伝えしてないことですが……」
「こんな話をしたら上司に怒られちゃいますけど……」

これらはすべて、詐欺師たちの常套句《じょうとうく》ともいえる殺し文句だ。**わたしたちは「あなただけに」と特別扱いされると、それだけで嬉しくなってしまう。**しかも、それこそ誰も知らない極秘情報を手に入れたような気分になり、それを放置できなくなる。そしてまんまと詐欺師にダマされる。古典的な詐欺のパターンだ。

この「あなただけ」の心理について、ウィスコンシン大学の心理学者、エライン・ウォルターはおもしろい実験をおこなっている。

まず、男子学生にコンピュータ上で女性たちとデートをさせる。このとき、女性たち（じつはコンピュータ）には次の3つの行動パターンをとらせる。

①誰にも好意を示さない
②みんなに好意を示す
③被験者にだけ好意を示す

デートの終了後、それぞれの女性に対する好意の度合いを聞いてみたところ、③の「被験者にだけ好意を示す」女性が最も人気だった。私たちは恋愛においても「あなただけに」と特別扱いされたがるのだ。

ここから学べることが1つある。すなわち、どうしても口説きたい相手が現れたら、決してその他一同と同列に扱わずに、特別扱いをするということだ。

特別扱いといっても、高級レストランへ行くとか、豪華なプレゼントをする必要などもちろんない。ただ一言「あなただけに」を付け加えればいい。

「じつはキミだけにお土産を買ってきたんだ」「この話はあなただけにするんだけど」こんな具合である。

オンリーワンでアピールせよ

NG
ワン・オブ・ゼムのやり方
キミのことが好きだ！受け取ってくれ！
他の人にもあげてたじゃない
OK
オンリーワンのやり方
この車の助手席に座った女性はキミだけだ
まあステキ♡

「あなただけに」と特別扱いされると、誰でも嬉しくなるもの。恋愛においては「オンリーワン」が極めて有効だ

心理法則

24 究極の無言テクニック

どうにもならないときには触ってみる

あらゆる方法で説得を試みたけれど、どうしても相手を説得できないときにオススメな最終手段がある。

たとえば、なんとかして同僚に手伝ってもらいたい仕事があったとする。自分の能力に限界を感じているので協力してもらわないと実現不可能な仕事だ。いろいろな方法でさんざんお願いしたのに、どうしても引き受けてもらえず、にっちもさっちもいかなくなった——。

そんなときは、一か八かで相手の体に触れてみよう！

誤解してほしくないが、セクシャルな意味は何もない。これは心理学で「タッチング」と呼ぶ行為で、**人間は触れ合うことで相手に気を許す傾向がある**のだ。

サンフランシスコ大学の心理学者コリン・シルバーソーン博士たちは、お互いに知らない男女を一組にして、自由に会話をしてもらう実験をした。

ただし、男性のほうは実験協力者のサクラ。その男性が、ある女性にはまったく触らず、別の女性には握手したり、腕などを触った。それから会話が終わったところで、女性側に対して、あの男性とデートしたいと思うか、どれくらい性的魅力を感じたかを聞いてみた。

すると、触られた女性ほど、男性に好意をもっていることがわかったのだ。

これは単に、セクシャルな場面だけに適用されることではない。「相手の体に触れる」という行為そのものが、相手の心を開かせる効果をもっているのだ。

しかし、場合によってはセクシャルハラスメントになりかねないので、最後の手段と考えたほうが無難だろう。

決して説得できなかった相手であっても、肩に手を置きながら、あるいは腕相撲でもしながら、「本当に手伝ってほしいんだよ、恩に着るから」と頼んでみよう。もしかしたら、ＹＥＳの一言を引き出せるかもしれない。

上手なタッチング方法を身につけよう

実験結果 "お触り"上手な男ほど、女にモテる

	まったく触らない	握手のみ	握手+"お触り"
デートしたいと思うか？	2.8	3.6	**4.4**
結婚したいと思うか？	2.7	4.0	**4.1**
性的な魅力を感じるか？	4.0	4.3	**4.3**
身体的な魅力を感じるか？	4.3	5.0	**5.6**

＊数値が高いほど、好意的に評価されたことを示す。 (Silverthorne,C.,et al. 1976)

キャバ嬢にさりげなく触られると、心も財布もゆるくなる！

人は「タッチング」（物理的な触れ合い）があると相手に対して心を開いてしまう傾向がある

無敵の言葉「ありがとう」

ペンシルベニア大学のアダム・グラント博士は、文章力の研究という名目でオンラインで人を募った。

そして、応募してきた69名の人たちに対し、これとはまた別の実験にも参加してほしいと依頼する内容のメールを送った。

その際、実験の説明だけの案内メールを送った人たちが24時間以内に承諾の返事をくれた割合は32％しかなかった。

しかし、案内メールの文章中に「参加してくださって本当にありがとう」という一文を入れて送った人たちでは、66％の人が承諾の返事をくれた。

このように、「ありがとう」の一言があるだけで、2倍以上もの差が出たのだ。

それだけ「ありがとう」という言葉には心理的なインパクトがある。

相手が何もしてくれなくても「会ってくれてありがとう」「お返事をくれてありがとう」と言っておけば、その後の展開は大きく変わってくる。

だから、とにかく「ありがとう」と言う口癖をつけてしまおう。そうすれば相手に好かれ、説得しやすくなるのだ。

メールでのやり取りでも最初に「お返事ありがとうございます」を入れておけば、好感度アップ間違いなしであろう。

心理法則

第4章

心理作戦で人を操る

ここまで概論を説明してきたが、本章では個別の法則を述べる。
すでに古典的とされ確立された有名な心理法則はもちろん、
最新の心理法則までも解説する。
どれも幅広く支持された法則であるから、
実際に使用するときの効果も折り紙付きである。

心理法則

25 「先手必勝」作戦

心理学でも「早いもん勝ち」

勝負ごとで、先手を取ったほうが勝つというのは古今東西を問わず常識だ。

しかし、それを本当に自覚している人となると、案外少ないのではないだろうか。

なぜなら、日本人の美学として、先に手を出すことを「はしたない」「こざかしい」「卑怯者」とする文化があるからだ。大相撲がその好例だ。朝青龍《あさしょうりゅう》のように先手を打つ戦法は「横綱相撲らしくない」とたしなめられ、白鵬《はくほう》のようにどんと受けて立つ相撲が潔《いさぎよ》いとされている。

まあ、日本人の美意識は脇に置くとして、心理学においては「先手必勝」はまさしく原理原則である。

米国ノースウェスタン大学のアダム・ガリンスキー博士は、コンサルティング会社で新規採用者とのボーナス交渉の場面を調査した。

あるグループでは、採用する企業側が先にボーナス額を提示するようにした。もう一方のグループでは、先に採用される者のほうに要求額を聞くようにした。

すると、企業側が先に額を提示した場合の妥結額が1万2887ドルであったのに対し、採用される側が先に要求額を提示した場合の妥結額は1万7843ドルと大幅にアップしていたのだ。

つまり、先に額を提示したほうが、その後の交渉の主導権を握ったということだ。

じつは、勝負ごとにかぎらず、**あらゆる交渉ごとにおいて、先に条件を出したほうが有利**なのである。

たとえば外国の市場で買い物をするときに、店員から「1万円に値下げしてあげる」と言われたら、せいぜい8千円に値引きさせて買うくらいが関の山だろう。しかし、先にこちらが「3千円でなら買う」と宣言していれば、高くても5千円で買うこともできるのだ。

「先手必勝」のカラクリ

先手を打つ！
基準値
おみやげ
10000円に値下げするよ
せめて8000円で
OK
店員
観光客
勝者
「高く売れたぞ！」
先手を打つ！
基準値
おみやげ
3000円なら買うわ
せめて5000円で
OK
店員
観光客
「安く買えたわ！」
勝者

交渉ごとでは先に仕掛けたほうが有利になる。なぜなら、先に出された条件が事実上の前提になってしまうからだ

心理法則

26 「ドア・イン・ザ・フェイス」作戦

「ドア・イン・ザ・フェイス（門前払い）」と呼ばれる、代表的な心理テクニックだ。

どんな交渉ごとでも、最初はできるだけ大きな要求を吹っかけることが多い。

そして徐々に要求を引き下げ、相手からの譲歩を引き出し、最終的には自分の想定ラインで決着をつけるのだ。

このため、できるだけ最初の提案と、2回目以降の提案とでは落差をつけたほうがいいとされる。

この作戦は、欧米では外交からビジネスまで幅広く使われているものであるが、交渉ごとが苦手な日本人にはなかなか身につけられないテクニックといえよう。

その証拠に、近年の日本外交の失策の数々があげられる。すべてが受け身の平和外交なので、何か事が起きてから慌てふためいてしまっている。そろそろ、門前払いされるような主張を吹っかけることで譲歩を引き出す作戦に出てみるのも、悪くはないのではないだろうか。

少しずつハードルを下げる方法

ミズーリ大学のモートン・ゴールドマン博士とクリストファー・クレッソン博士は、カンザス市民を対象に次のような実験をおこなった。

まず、192名の市民に「新しく設立されたラジオ局の者ですが」と声をかける。そして「すみませんが150人を電話帳から選んで、その人に電話をかけて質問をしてくれませんか?」と頼むのだ。

むろん、いきなりこんな無茶な要求をされて承諾した市民はゼロで、完全に門前払いされた。

しかし、いったんその要求が断られてから「では25人ならやってもらえますか?」と再度頼み込んだのだ。すると、今度は半数もの人が承諾してくれたのである。

いきなりとんでもない条件を突きつけ、それをあえて断らせてから、次に低めの条件を提示する——。一般に

最初にあえて大きな要求を吹っかける

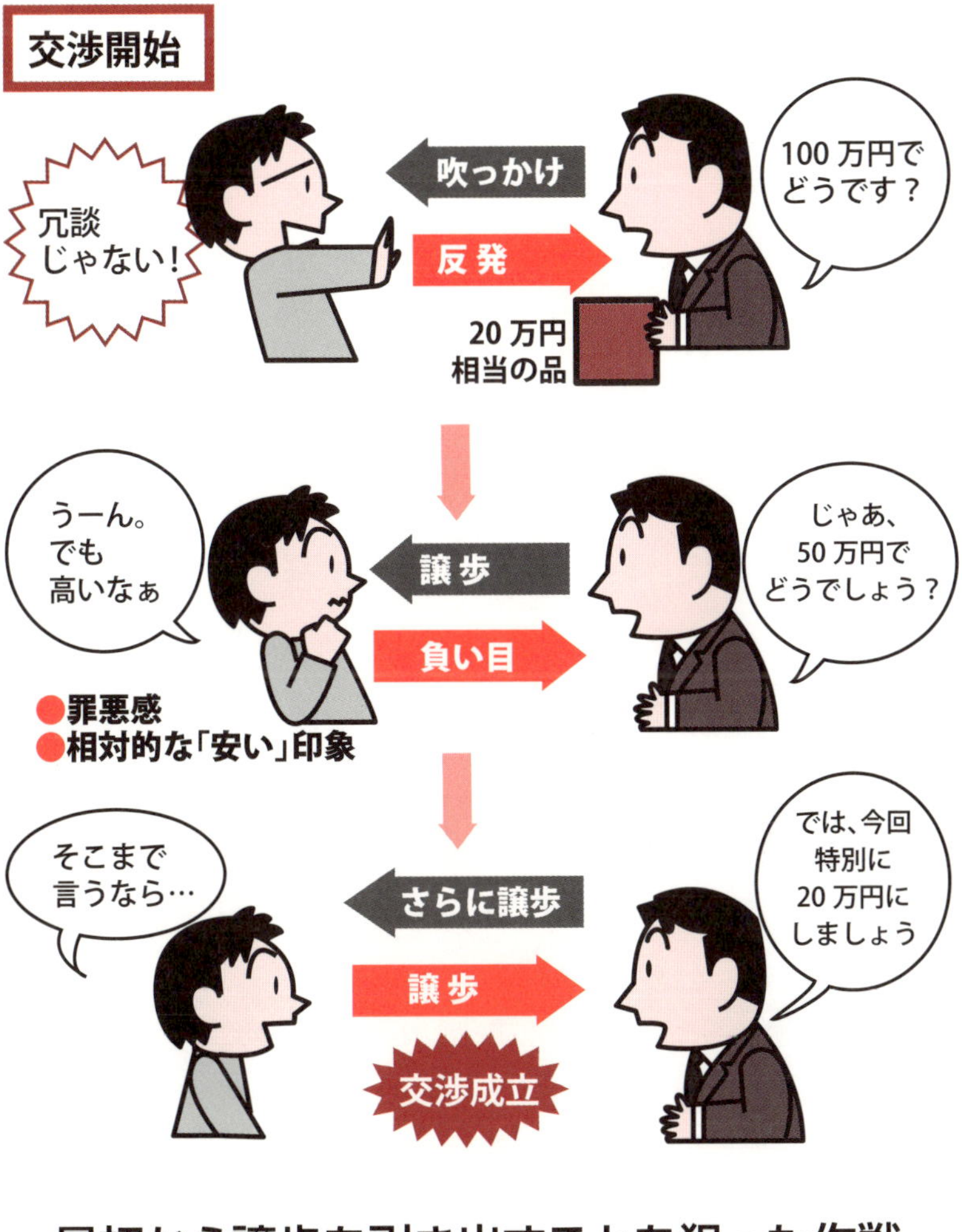
交渉開始
100万円でどうです？
吹っかけ
反発
冗談じゃない！
20万円相当の品
じゃあ、50万円でどうでしょう？
譲歩
負い目
うーん。でも高いなぁ
●罪悪感
●相対的な「安い」印象
では、今回特別に20万円にしましょう
さらに譲歩
譲歩
そこまで言うなら…
交渉成立

最初から譲歩を引き出すことを狙った作戦で、初めの提示からの落差が大きいほど、相手は譲歩してしまう

心理法則

27 「フット・イン・ザ・ドア」作戦

少しずつハードルを上げる方法

これも古典的な心理作戦だが、前項とは反対に、**最初は誰でも受け入れられる要求を出して相手の領分に足を踏み入れてから、少しずつ要求を強める**方法だ。

その名も「フット・イン・ザ・ドア（踏み込み法）」である。相手の心のドアを少しでも開けてしまえば、そのまま足をこじ入れて、さらにこじ開けていく手法だ。

たとえばホストクラブでは、最初は客に安いボトルを入れさせる。いきなり「ロレックスの時計が欲しい」なんてことは言わない。まずは客に低めのハードルを越えさせてから、徐々に要求を吊り上げていくのだ。

5千円のボトルくらいならいいかな。そうやって少しでも心のドアを開けたら最後。彼らはそのドアの隙間に足をしっかり突っ込み、さまざまな要求をしてくるだろう。どんな小さな要求でも、一度飲んでしまったら負けなのである。

マサチューセッツ大学のクリス・アレン准教授がおこなった実験を紹介しよう。

実験内容は、最初に「買い物についての質問に答えていただけますか?」と申し出て、承諾してくれた人に対して「つきましては、質問用紙をご自宅にお送りしてよろしいでしょうか?」と第二のお願いをするというもの。

この場合の承諾率は、やはり67・3%と高かった。しかし、最初からいきなり「質問用紙を郵送していいですか?」と聞いたときの承諾率は22・2%と極めて低かったのである。

いきなり「募金をお願いします」と頼まれても、多くの人はそのまま通り過ぎる。しかし最初に「署名だけでも」という低いハードルを与えられれば、多くの人がそれをクリアして、次には「募金」という第二のハードルまでも乗り越えてしまうようになるのだ。

要求を一度でも飲んだら負け

第1の要求 ハードル低め
いいですよ
恵まれない子どもたちを支援する署名活動にご協力をお願いします

第2の要求 ハードル高め
つきましては募金もお願いします
え？　うーん、わかりました

最初は「小さな要求」でも、徐々に「大きな要求」を出す作戦。一度「イエス」と言ってしまうと、もう断れなくなってしまうのだ

心理法則

28 「イーブン・ア・ペニー」作戦

「少しでいいから」頼んでみる

この作戦も心理学においては古典的な手法であるが、こちらが要求するのではなく、あくまでも相手の自発的な行動を促すという点で、極めておもしろい手法といえる。

前項の「フット・イン・ザ・ドア」作戦が最初に低いハードルを設け、徐々に要求を高くしていくものだったのに対し、この「イーブン・ア・ペニー」作戦は、**低いハードルをさらに徹底的に低くすることで、相手からの自発的な譲歩を引き出そうとする**ものである。

「イーブン・ア・ペニー」を直訳すると「ほんの1ペニー（1円）でもいいから」という意味である。

たとえば、駅前でボランティアの人から「○○募金へのご協力をお願いします」と声をかけられても、あなたは比較的ラクに断ることができるだろう。

しかし、その人が「10円だけ、1円でも結構ですので、募金をお願いします！」とすがってきたら、なんとなく断りにくくなるというものだ。

しかもここでおもしろいのは、実際にあなたが募金する段階になると、1円でも10円でもなく、100円単位の金額を募金してしまうことだ。

「どうせ乗りかかった船だ」ということで、自発的に金額を吊り上げてしまうのである。

そこで、人に頼みごとをするときには、まず「○○だけでもいいから」という形で協力を仰いでみよう。

思いっきりハードルを下げることで、相手の自発的譲歩を促すのだ。

しかも、こうして取りつけた協力は、あくまで相手の自発的な行動であるため恨まれる心配もない。

逆に相手は、自尊心をくすぐられて得意気になるくらいなのだ。

低いハードルをさらに低くする

第1のハードル
結婚してくれ
絶対にイヤ！
ハードルを下げる
第2のハードル
じゃあ、まずはデートしよう
誰に口きいてんの？
ハードルを下げる
第3のハードル
せめてメアドだけでも
教えてあげてもいいわよ

徹底的にハードルを下げることで、相手からの自発的な譲歩を引き出そうとする作戦

心理法則

29

「アンダードッグ効果」作戦

弱みを見せて同情を引き出せ

わたしたちは、強い人、才能豊かな人、偉大な人ばかりに惹《ひ》かれるわけではない。むしろそうした人は近寄りがたい印象を与えてしまい、共感の対象とはなりえないことのほうが多い。

そして心理学では、**あえて自分の弱さをアピールすることで相手の共感や同情を引き出す**、狡猾《こうかつ》なテクニックが存在する。「アンダードッグ効果」と呼ばれるものだ。

アンダードッグとは「川に落ちた犬」のことで、川に落ちた犬を叩くなということわざからきている言葉だ。

たとえば、上司に怒られて落ち込んでいる同僚を前にしたとき、わたしたちは大きく2つの感情を抱く。

1つは「その気持ち、わかるよ」という共感。そしてもう1つが「かわいそうに」という哀れみである。

相手に共感すると、わたしたちは簡単に心の扉を開く。そして相手を許し、受け入れたくなる。

また、相手を哀れむとき、そこにはうっすらとした「優越感」が芽生える。一部の慈善活動家が鼻について見えるのは、この優越感が透けて見えるせいだ。

こうして相手を受け入れ、しかも優越感まで抱いてしまうと、もはや反発する気持ちもなくなってしまうのだ。

米国リッチモンド大学の心理学者、ロバート・A・ジャカロンは、あるプロジェクト・マネージャーについての紹介文を、大学生に読ませ、評価を求めた。

このうち、紹介文に「わたしはこの分野には弱いのだが」と、自分の弱さをアピールする文章が入っていると、好意得点が4・92点となり、弱さのアピールがない場合は3・88点だったという（7点満点で算出）。

部下や後輩に対しては強さのアピールが有効だが、上司や異性との関係においては適度な弱さのアピールが有効になる。相手に応じて使い分けるといいだろう。

強さと弱さを使い分ける

弱さのアピール	強さのアピール
構成要素	**構成要素**
・同情心	・正当性
・共感性	・威圧感
・類似性	・専門性
・親密感	・論理性
・優越感	・恐怖感
効果的なのは？	**効果的なのは？**
・上司や先生など	・部下や生徒など
・異性間での説得	・同性間での説得
・恋愛の場	・ビジネスシーン
・プライベートの場	・クレーム
・謝罪	・リクエスト

弱みを見せると相手からの同情を引き出せる。同情を得られれば、こちらの要求も通りやすくなる

心理法則

30

「好意の返報性」作戦

好意をもってほしければ好きになれ

まずは、あなたの身近なところにいる人気者を思い出してほしい。誰からも好かれているような人だ。

そんな彼らの中に、どうして人気があるのかわからない人はいないだろうか。容姿がいいわけでもない、話がおもしろいわけでもない、仕事ができるわけでもない。それなのにみんなから好かれている、という人だ。

一見すると、彼には人を惹きつけるような魅力は何もない。しかし、彼は強力な武器をもっている。それは「とにかく人が好き」という武器だ。

たとえば、あなたが誰かのことを好きになれば、その好意はそのままあなたに返ってくる。その人気者も、みんなのことが好きだから、みんなから好かれるのだ。

心理学ではこれを「好意の返報性」と呼ぶ。よく知られた心理法則である。

これは、**こちらが相手に好意を示せば、相手もこちらに好意を示しやすくなる**、という法則だ。好意とは、一方通行ではなく、相手からも返ってくるものなのである。

ノース・イースタン大学のジュディス・ホール博士は、病院に通っている70歳以上の男女530名を対象に、「担当のお医者さんにどれくらい好感をもっているか」を調査した。

そして同時に、医師たちに対しても「それぞれの患者さんにどれくらい好感をもっているか」を聞いた。

すると、医師から好かれている患者さんほど、その医師のことを好いていることがわかった。まさに好意の返報性だ。

あなたにも経験があるはずだ。それまで意識したこともなかった子から「好きです」と告白をされたとたん、その子のことが気になりだして、いつのまにか好きになってしまっていた、という経験が。

好きになってほしければ自分から

僕を好きになって！
あなたのことが好きです
好意
ありがとう
好意の返報

「好きになって」と求めるのではなく、相手に好意を与えることによって初めて相手からも好意が返ってくる

心理法則

31 「ムード感染効果」作戦

気分がいいときには気前もいい

「信頼性ゲーム」という心理実験がある。

詳しい仕組みは左図を見ていただきたいが、簡単にいえば、相手を信用すればするほど、あなたの投資が報われ、相手を信用しなければ、得るものは何もないというゲームである。

あくまで架空の心理実験であるので、実際の投資においても「相手を信用すればそれだけ報酬も多くなる」とは、くれぐれも考えないでほしい。

ただ、この実験では「相手を信用すればそれだけ報酬も多くなる」という条件でゲームをしただけだ。

このゲームを使って調査をしたオハイオ州立大学のロバート・ラウント博士の報告がある。

まず、180名の男女を2つのグループに分け、一方のグループには「3分間のゴルフの歴史のビデオ」を見せ、もう一方のグループには、「3分間のコメディーのビデオ」を見せた。

その後、「信頼性ゲーム」をさせたところ、「ゴルフの歴史」のグループの投資金額が平均4ドル50セントだったのに対し、「コメディー」のグループの投資金額は平均7ドル65セントと大幅に多かった。

つまり、コメディーを見て大笑いし、気分がよくなっているときに投資ゲームをしたら、それだけ気前よく投資してしまったというのだ。

なぜそんなに投資したのか？　それは、気持ちが大きくなって相手を信用してしまったからだ。

これは心理学で「ムード感染効果」と呼ばれるもので、**人の感情というものは、周囲や人々の行動に感染してしまう**ことを示している。

だから、何か頼みごとがあるときには、相手が上機嫌のときを狙うのが鉄則なのである。

「信頼性ゲーム」の説明

ゲームの前提条件

投資すれば3倍になるが、それがいくら戻ってくるのかは友人しだい。全額持ち逃げされるかもしれないとき、あなたはいくら投資する？

友人
あなた
友人を信用して投資した場合
全額投資してみよう
3倍
$30
$10
投資
半分返してくれたぞ！よかった！
リターン
$15
$15
友人をあまり信用しなかった場合
心配だから、少しだけ
3倍
$3
$1
投資
半分返してくれたけど、これだけか
リターン
$1.5
$1.5

心理法則

32 「循環論法」作戦

理由は後からこじつけろ

自分の主張を通そうとするとき、どんな理由を持ち出せば相手を説得することができるか悩むものだ。

しかし、心理学の世界には「どんないい加減な理由でも相手は動く」という有名な心理法則がある。

ハーバード大学のエレン・ランガー教授の有名な実験結果だ。実験では、これからコピーをとろうとコピー機の前にいる人に対して、次のように願い出る。

〈パターンA〉「すみませんが、先にコピーをとらせてもらえませんか？」

〈パターンB〉「すみませんが、コピーをとらないといけないので、先にコピーをとらせてもらえませんか？」

まず、Aは通常の申し出だが、「急いでいる理由」や「譲ってあげるべき理由」がない。

これに対してBの申し出は「循環論法」と呼ばれるもので、なんとなく「急いでいる理由」がある。落ち着いて考えたら、**結論が理由を支えてしまい、論理が循環しているのでまったく理由になっていないのだが、とりあえずは理由っぽく聞こえる。**

そして両者の申し出の結果だが、Aで先にコピーをとらせてもらえる確率が60％だったのに対し、Bの場合はなんと93％もの確率で、先にコピーをとらせてもらえたのである。

要するに、自分の意見を通すのに正当な理由などいらないのだ。とりあえず「理由っぽく聞こえるもの」を突きつけられると、相手は軽い思考停止状態になって、なんとなく押されてしまうのである。会話中、なんとなく勢いに飲まれるのは、まさにこれだ。

ただし、相手に考える時間を与えてはいけない。冷静に考えさせたら、理由になっていないことがバレてしまう。考える時間を与えず、サッサと話を終わらせよう。

理由っぽさがあれば相手は同意する

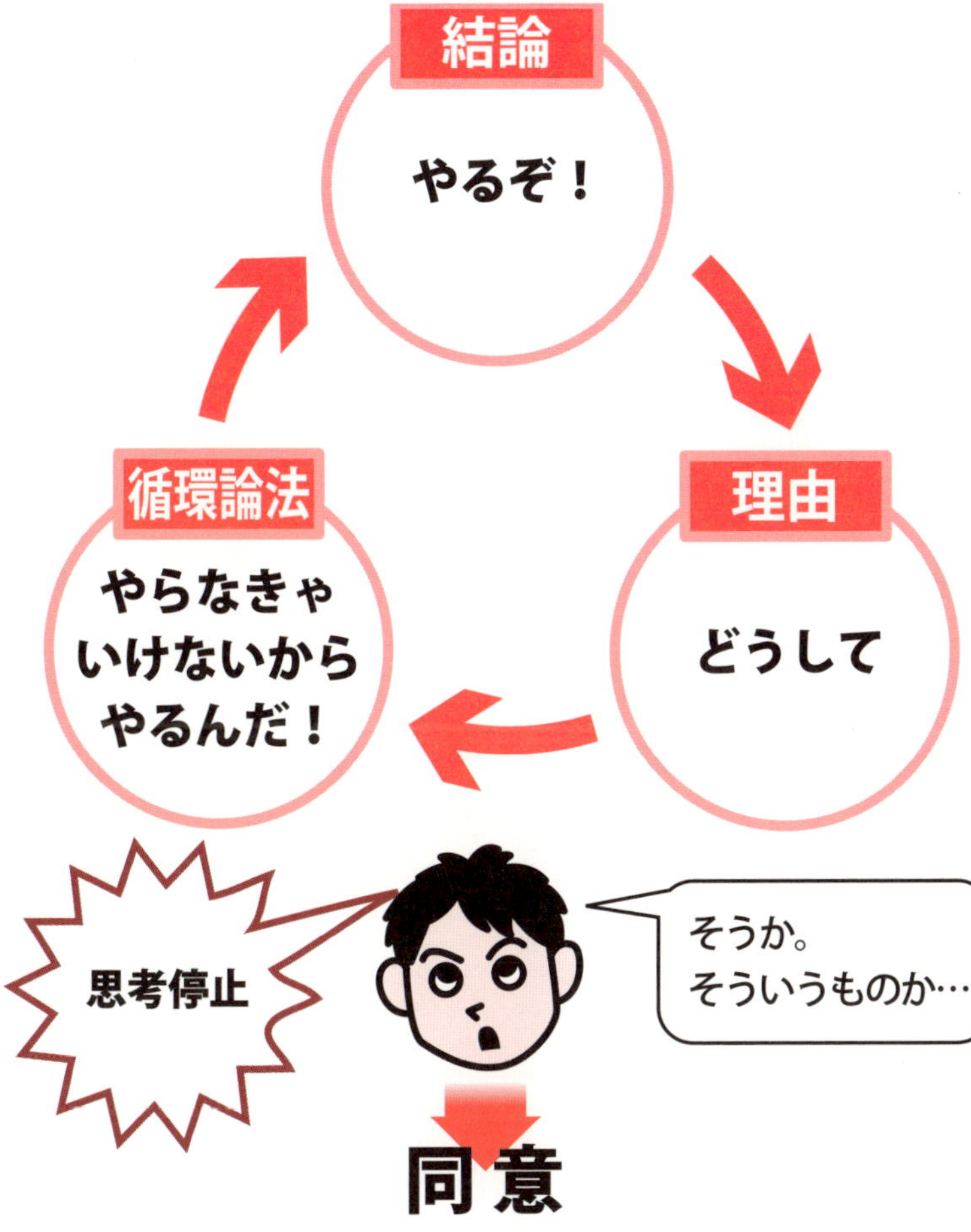
結論
やるぞ！
理由
どうして
循環論法
やらなきゃ
いけないから
やるんだ！
思考停止
そうか。
そういうものか…
同意

理由などなくても、説得の勢いがあれば相手の思考を停止させることができ、相手を飲み込んでしまえる

心理法則

33 男女別のシークレット作戦

効果的なフレーズは男女で変わる

ここまで有名な心理作戦を8つ紹介してきた。どれも普遍的な法則であり、その効果は保証済みである。

しかし、1つ例外を作らなければならないことがある。それは、男女の「性差」である。男と女とでは、決定的に違う心理が存在するのだ。

インディアナ州にあるビンセンズ大学の心理学者、チャールズ・マクマホンは、男女の被験者たちを集め、自分がどれくらい「励ましの言葉」や「温かい言葉」を求めているかを答えてもらった。

すると、男性は80点満点中の39・2点も励ましや温かい言葉を欲しているのに対し、女性は33・2点と低かったことがわかった。

つまり、**男性は「励ましの言葉」や「温かい言葉」を求めているが、女性はその傾向が低い**のだ。

それでは、女性は何を求めているのだろう。

カリフォルニア州在住の心理療法家ダフニー・ローズ・キングマの研究によると、**女性は「指図」や「命令」をされるのを嫌い、「お願い」されることを望む**という。

たとえば、上司から「田中君はどこ？　見つけてここに呼んで」とか「ちょっと新聞取ってきて」という指図をされると、女性は嫌々やるが、言い方を変えて、「田中君はどこ？　見つけてここに呼んでくれないか、お願いします」とか「ちょっと新聞取ってきて、お願いだから」と一言「お願い」を添えるだけで、女性は気分よく願いを叶えてくれるという。

そこでこれからは、女性に対しては何ごとも「お願い」を追加して頼むべきであり、男性に対しては「キミならやれるさ！」「ガンバレ！」「すごい！」といった温かい励ましの言葉を投げかけてあげるようにしよう。

これも、覚えておくと便利な心理法則である。

男女によってアプローチを変える

がんばります！
ありがとう
ございます
励まし
サポート
お前なら
できる
オレは
信じてるぞ
手伝おうか？
何か困って
いることは
ないか？

カリフォルニア大学のグレッチェン・リーヴィ博士による別の研究でも、男性には「励まし」が、女性には「サポート」が、それぞれ有効とされている

人間心理を知っておこう…

心理学にもある「デノミ効果」

わかりにくいことを言われると、一瞬「ん？」と思考停止になり、つい「イエス」と言ってしまうことはないだろうか。

これを心理学では「DTR法」という。

わざと相手を混乱に追い込んでから主張を飲ませる手法として、よく知られた心理法則である。

ここで、おもしろい実験データを紹介しよう。

ニューヨーク大学のプライア・ラグバー博士は、4個詰めのキャンディーの売り方の実験をおこなった。

まず、「1パック1ドル」と、わかりやすい値段表示をしたところ、26・09％しか売れなかった。

しかし、「1個0・25ドルの4個詰め」と、わかりにくい値段表示にしたところ、62・79％も売れてしまったのだ。

両者とも、表示方法が違うだけで、実際には同じ価格である。これをラグバー博士は「デノミ効果」と呼んでいる。

アメリカ人は、日本人のように暗算が得意ではないから、この程度で混乱してしまうが、たとえば、花粉症マスク「1個75円の10個入り」と「1パック750円」だったらどうだろう。

思わず「1個75円」とデノミ価格のほうに目がいくというものではないだろうか。

心理法則

第5章

暗示で人を操る

催眠術師のように人を操ることができたら、どんなにいいだろう。
誰もが一度は夢見たに違いない。
じつは、人間を暗示にかけることは簡単なことである。
なぜなら、人間は“思い込み”をする生き物だからだ。
ここでは、あなたにも使える暗示テクを紹介する。

心理法則

34 なぜ占い師は性格を当てられるのか？

自己認識なんていい加減

街の占い師に手相を見せたあなたがいるとする。

「明るく振る舞っているけど、本当は繊細でしょ？」

「フラフラしているように見えて、芯が強い人ね」

「意外と頑固なところがあるみたい」

「本当はすごく寂しがり屋さんなんだね」

こんなことを指摘されて、「えっ、どうしてわかるんですか？」と不思議に思ったことはないだろうか。

だが、そんなものはインチキである。あなたは占い師が使う暗示にかかっているだけなのだ。

その証拠に、ノルウェーの企業研究員ポーリン・アンダーセンとノルウェー大学との共同実験結果をお見せしよう。

アンダーセンらは、75名の大学生を集めて、インチキの性格診断テストを実施した。そして大学生たちに「性格診断テストの結果が出ました。これがあなたの性格です」と、性格分析が書かれた紙を手渡した。もちろん、ここに書かれているのは完全にでたらめな分析である。

ところが、大学生たちは一様に「当たっている！」と答えたというのだ。まさに、占い師に性格を当てられたと思ったあなたと同じである。

これを心理学では「バーナム効果」と呼んでいる。**わたしたちは自分の性格を直言されると、思わず「そのとおり！」と思ってしまうものなのだ。**

そこで、人の心をつかみたいなら、まずバーナム効果で相手の性格を言い当ててみることだ。

「お前って根は優しくて、繊細だから」とでも言っておこう。そうすれば相手は「自分のことをわかってくれるのはこの人だけだ！」と心を開いてくれるはずである。

相手の信頼を勝ち取ることなど、意外なほどたやすいのだ。

人の性格を言い当てることは簡単

あなたは本当は寂しがり屋だね
そうなんです
指　摘
バーナム効果
感　謝
すごい！当たってるわ！
占い師
この仕事はキミの性格に合うはずだ
もちろんです
指　摘
バーナム効果
感　謝
よ～し、期待に応えるぞ！
上司

自分の性格を指摘されると、「そう言われれば……」と思ってしまう。それが「バーナム効果」だ

心理法則

35 誕生日が同じ人には心を許す

ウソでも共通点を作り出せ

暗示というのは、占い師や催眠術師だけが使うものではない。あなたでも簡単に使える手法である。

そこで、一瞬で相手を暗示にかけてしまう、とっておきの方法を紹介しよう。

ただし、あまりに簡単な方法のため、その効果は誰にもまだ知られていない。本書を読んだあなただけの胸にしまっておいてほしい。くれぐれも他言無用である。

相手を一瞬で暗示にかける方法、それは、「誕生日の一致」である。相手と同じ誕生日だと告げる、それだけだ。

「え？　俺と同じ誕生日じゃん！」

偶然に驚いた相手は、一瞬で心を開き、あなたのことを知りたがって互いの共通点をがむしゃらに探そうとするだろう。あなたはそんな暗示状態の彼に対し、もはやどんな要求でも突きつけられるはずだ。

ワルシャワ大学のマイケル・ビレウィッツ博士は、ポーランドとチェコの国境付近にいるポーランド人の高校生81名を対象に、民族が自分と異なることでどれだけ人助けの意識が変わるのかを調べた（左図参照）。

それによると、ポーランド人である高校生たちは、道に迷っている人がチェコ人であるときよりも、自国民であった場合のほうがより人を助ける傾向があった。

しかし、「あなたのおじいちゃんとおばあちゃんがチェコから来た人だと想像してください」と条件をつけた場合は、チェコ人を助ける傾向が大幅に上がったのだ。

つまり、**相手との共通点が多くなればなるほど、その人に親近感をもち、好きになってしまう**ということだ。

だったら、これからは共通点をさんざんアピールしよう。誕生日でも、出身大学でも、あるいは好きな食べ物でも、なんでもいいから共通点を見つければ、それだけで気持ちがつながってしまった気にさせられるのだ。

共通点があるだけで人は優しくなれる

実験 ビレウィッツ博士のデータ

民族が自分と同じか違うかで、どれだけ人助けの意識が変化するかを調査

チェコとの国境付近に住むポーランド人高校生

道に迷っている人	祖父母がチェコ人であると想像させる	想像させない
チェコ人なら助ける	4.32	3.68
自分と同じポーランド人なら助ける	4.62	4.71
	差が小さい	差が大きい

（5点満点）(Bilewicz,M.2009)

ただ「祖父母が異国人であったら」と想像させただけで、異国人を助ける割合が上がった

心理法則

36 自分の価値を高める方法

忙しい自分をアピールせよ

三洋電機のお米からパンが作れる「ゴパン」は、発売当初かなりの品薄状態が続いた。本当に生産が追いつかなかっただけかもしれないが、この「じらし」作戦は心理学的にみてもかなり有効な手段であるといえる。

なぜなら、**人は手に入れるのが難しいほど、もっと手に入れたくなる**という心理があるからだ。心理学の世界では、これを「ハード・トゥ・ゲット・テクニック」という。

たとえば、人気のレストランが「1日限定10皿」の特別限定メニューを出すとする。当然大勢のお客さんが行列に並ぶが、その大半は限定メニューを食べられないまま終わってしまう。すると多くのお客さんは、まるで暗示にでもかけられたかのように、さらにその限定メニューを求めてやまなくなってしまうのだ。

だからあなたも、友人から遊びに誘われたとき、ホイホイと気安く応じてはいけない。たとえ予定がゼロでもスケジュール帳を確認して「9時スタート? うーん、夕方からひとつ先約が入っているから遅れるかもしれないけど、それでも大丈夫かな?」といった感じで、いかにも忙しい自分をアピールするのだ。

仕事の場合には、思いきって「来週の予定はすべて断る」というルールを設けるのもいい。

クライアントから電話で「来週どこかでお会いできませんか?」と聞かれても、「すみません、来週はいっぱいなので再来週の火曜日でいかがでしょう?」と答える。こうすると相手は、あなたを引く手あまたの人気者と思うだろうし、ハード・トゥ・ゲットの「手に入れるのが難しいほど、そこに希少性を感じ、もっと手に入れたくなる」という心理が働くだろう。

断ることは、忙しい人気者の証明なのだ。

手に入らない自分を演出する

来週は全部埋まっているので、再来週ではどうですか？

忙しそうな人

↓

希少価値高

↓

魅力を感じる

来週？
いつでもいいですよ

ヒマそうな人

↓

希少価値ゼロ

↓

魅力を感じない

なかなか会えないと価値が上がり、相手はあなたにもっと会いたくなる

心理法則

37 罪悪感を与えて利用する

罪悪感を感じると援助したくなる

こちらのお願いを一度拒否されると、その拒否を覆《くつがえ》すのは並大抵のことではできない。

なぜなら、相手は一度自分の意思で「拒否」を選択しているので、それを撤回することは自分の選択が誤りであったと認めてしまうことにもなるからだ。

だったらここは、正攻法を捨てて、暗示のテクニックにかけてみるのもいいだろう。

ミシガン州立大学のリサ・リンゼイ博士が、その方法を紹介してくれている。

博士は、146名の大学生を対象に白血病のドナー募集のため「ドナー適合の簡単な血液検査を受けてほしい」という文章を読ませて、検査に応じるかどうかの調査をした。

そのとき、「こんなに簡単な検査もしてくれないのは考えられない」という一文が入っているものと、その一文がないものの2つのグループに分けた。

すると、その一文が入っているグループのほうが、より検査に応じる割合が高かったという結果が得られた。

これは、検査を拒否することによる罪悪感をあおり、相手に負い目を感じさせる効果があるということだ。

人は誰でも、罪悪感など感じたくはない。それなのに**罪悪感をあおられると、その感情から脱したいがために、誰かを援助したくなる**ものなのだ。

罪悪感は人を動かすモチベーションになる。だからこそ、相手の罪悪感を上手に引き出せれば、相手はあなたに対して援助を申し出たくなるのだ。

何かお願いしたのに断られたら、次からこう訴えてみよう。「わたし、そんなに難しいこと頼んでる?」「ごめん、オレ、すごい迷惑かけちゃったよね、きっと」

相手は罪悪感に捕らわれ、早く脱したがるはずだ。

困ったときは相手から罪悪感を引き出す

普通に頼む

募金にご協力を
お願いしまーす！
…………

罪悪感を与える

協力してくれないなんて、
信じられない
そんなに難しいこと
ですか？
迷惑ですか？
わ、わかったよ

罪悪感は人を動かす大きな動機になる。誰もが罪悪感から逃げ出したいからだ

心理法則

38 〝選べる数〟で魔法にかける

これはどういうことかというと、わたしたちは**数多くの選択肢があるときには、自分の選んだものを正当化するために、より〝善〟だったり、より〝美徳〟と思われるものを選ぶ傾向にある**。理性的な判断を優先するのだ。

しかし、**選択肢の数が少ない場合には、より〝快楽的〟で、〝悪徳〟と思われるものを選ぶ傾向がある**のだ。つまり、本能的に欲しているものに忠実になるのである。

ここから、このようなことが学べるだろう。もし、相手に本能が望むままの快楽を選んでほしい場合には、選択肢を極力少なくすればいい、ということだ。

たとえば、今夜こそ彼女を落としたいという男性に対しては、デートにいろいろなイベントを用意しないようにアドバイスしたい。食事も映画も買い物もあったら、彼女は無難なものから選んでしまうはずだ。

しかし、映画かホテル、この2つの選択肢しかなかったら、彼女は本心から望むことをチョイスするはずだ。

選びたいのは善悪どっち？

人は、たとえ選択肢の数が変わっても、自分が真に欲するものを選ぶだろうか。あるいは選べる数が変わるだけで、自分の欲求を抑えてしまうことがあるのだろうか。

これは、選択肢の数の違いで人の志向が変わるという、最新の研究テーマだ。かなり難しい問題ではあるが、興味深い実験結果であるので、こっそり教えてしまおう。

スタンフォード大学のアナ・セーラ博士は学生に対して、カロリーの高そうなスイーツと、ヘルシーな果物の写真を見せ、どちらを食べたいかを選ばせた。

そのとき、6種類のスイーツと6種類の果物の12種類の中から選ばせた場合には76％が果物を選んだのに対し、選択肢を2種類ずつのスイーツと果物に減らした場合には、55％しか果物を選ばなかった。つまり、選択肢が多いほど、ヘルシーな果物を選んだのである。

選択できる数で人の志向は変わる

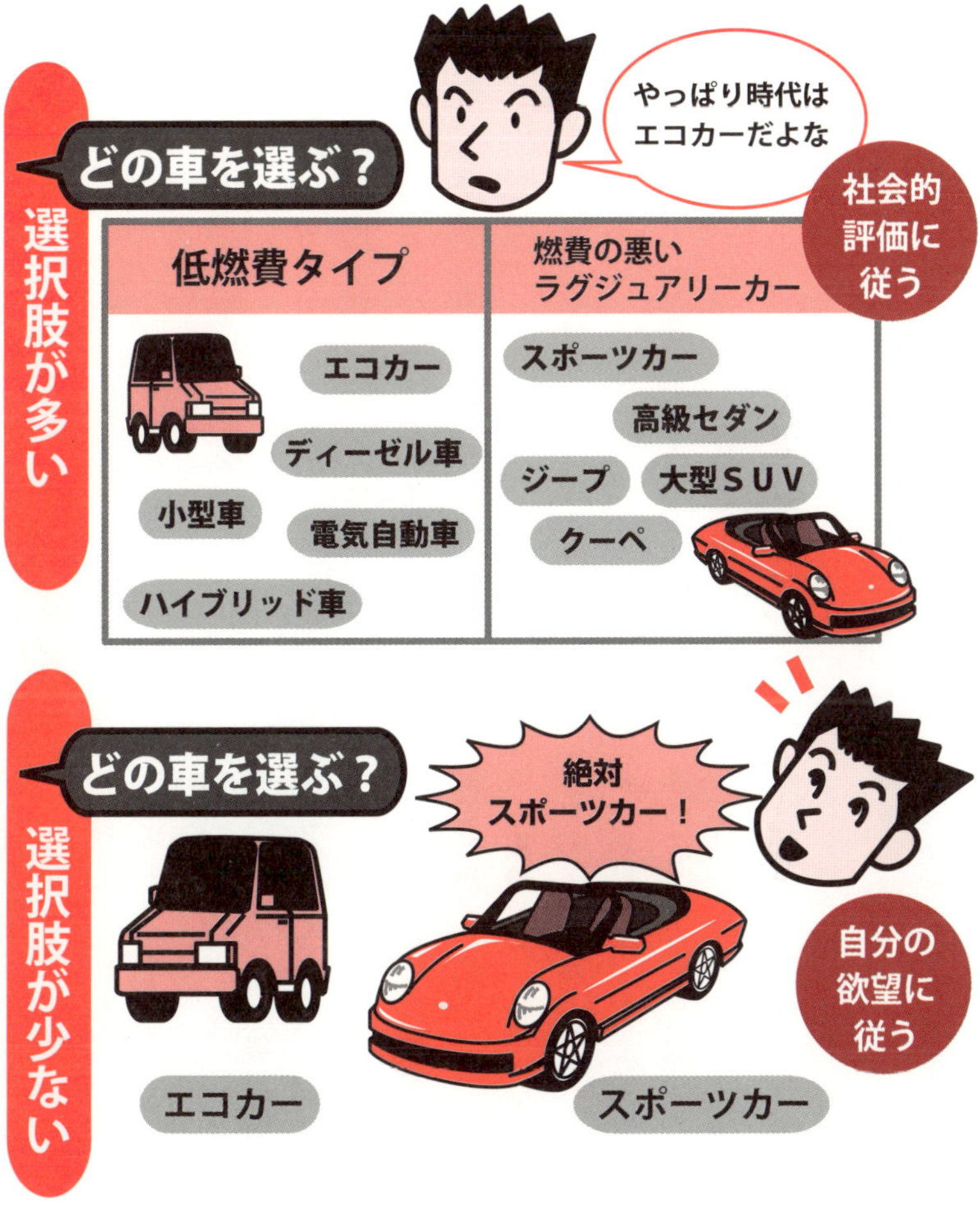
選択肢が多い
どの車を選ぶ？
やっぱり時代はエコカーだよな
社会的評価に従う
低燃費タイプ
燃費の悪いラグジュアリーカー
エコカー
ディーゼル車
小型車
電気自動車
ハイブリッド車
スポーツカー
高級セダン
ジープ
大型ＳＵＶ
クーペ
選択肢が少ない
どの車を選ぶ？
絶対スポーツカー！
自分の欲望に従う
エコカー
スポーツカー

さまざまな場面に応用できるので、どういったケースに使えるか考えてみよう

心理法則

39 ホメることは最強の暗示法

ホメればホメるほど好かれる

相手の気を引くにはホメること。これに尽きる。

でも、ゴマスリは苦手だし、思ってもいないことを口にはしたくない。それに、いったいどこをホメればいいのかわからない。そんな人たちもいるだろうから、効果的なホメ方を紹介しておこう。

ワシントン大学の心理学者、フランク・スモールの実験レポートだ。

リトルリーグの子どもたちを、8人のコーチが指導する。そしてシーズン終了後に試合の勝率を測定するのだが、子どもたちの「努力」をホメつつ指導したコーチのチームは、勝率が52・2%であった。これに対し、ホメずに指導するコーチのチームでは、勝率が46・2%にとどまった。

しかも、努力をホメられた子どもたちは「野球が楽しく、コーチが好きで、自分に自信がある」と答えた。

ここで大切なのは、「努力をホメる」という点である。試合に勝ったらホメる、ホームランを打ったらホメる、というやり方では、ホメる回数はかぎられてしまう。ところが、**努力している姿勢をホメるのであれば、いつでも何回でもホメられる**のだ。

だから職場でも「結果」ではなく、その人の「努力」や「プロセス」をホメるようにしよう。これならどんなに成績の悪い部下でもひとつくらいはホメられるだろうし、思ってもいないことまで口にする必要はない。

そして、とくに努力していない部下にも「がんばってるな」とホメてあげることで、逆に「がんばらなきゃ!」という気を起こさせることができる。

相手が「そんなことないですよ」と謙遜してきたら、「いや、これはすごいことだよ!」ともう一度ホメてみよう。ここまでやれば、もう相手はあなたの虜だ。

正しいホメ方のコツ

よくやった
よしよしその調子で がんばろう
よくがんばって いるな
いいぞ
ナイスプレイ
見事な 勝利だ
ナイス ホームラン！ すごいな

努力をホメる
コーチ

いつでも何回でも
誰にでもホメることが
できる

結果をホメる
コーチ

ホメられる回数、
ホメられる場面、
ホメられる人が限定

ホメる回数は多いほどいい。結果ではなく、過程をホメることで、いつでも何回でもホメることができる

心理法則

40 下手に回って相手を動かす

日本人は〝下〟がいると安心する民族

前項では、ホメることがいかに相手の心を動かすかを説明した。さらにここでは、相手よりも劣る下の立場に回ることで、相手に見下す快感を与え、自尊心をくすぐる方法を紹介する。

負けたように見せかけながら、じつは相手を手のひらの上で転がす、かなり狡猾《こうかつ》な暗示テクニックだ。

カナダにあるブリティッシュ・コロンビア大学の心理学者、キャサリン・ホワイトは、アジア人に顕著な〝ある心理〟について、非常に興味深い実験結果を発表している。

実験では欧州系カナダ人とアジア系カナダ人の大学生に参加してもらい、「学校の試験で失敗したとき、どうやって立ち直ろうとするか?」という質問をした。

すると、欧州系の学生たちは一様に「自分より成績がよかった人を見る」と答えた。

つまり、上を見ることによって「自分もこうなろう」「もっとがんばれば上に行けるんだ」と自らを奮い立たせるわけだ。これを心理学的には「上方比較」という。

ところが、アジア系の学生たちはまるで違った。なんと、みんな「自分より成績が悪かった人を見る」と答えたのである。

自分よりも下を見ることによって「まだ下がいるじゃないか」「自分はあそこまで悪くない」という安心感を得ているのである。心理学的には、こうして下を見て比較することを「下方比較」という。

これは人種的な問題というより、文化的な問題ではあるが、日本で暮らすかぎり、参考にすべき事実である。

そのため、**人をホメるときも上から「よくやった」とホメるのではなく、相手の下に回り込んで「さすがですね」と賞賛するほうが、ずっと効果的**なのだ。

持ち上げておだてることで相手は動く

ハハハ、簡単だよ
さすがですね！
下方比較
＝
見下す快感
いいとも！
ついでに
この仕事もお願い
できますか？

下に回ってあげると相手は見下す快感を得る。これを「下方比較」といい、そうして安心したがるのが日本人なのだ

心理法則

41 一瞬で人を幸せな気分にする法

いい思い出を利用せよ

ここまで数々の暗示テクニックを紹介してきた。暗示といいながら、どれもあっけないほど簡単で、なんの仕掛けもいらずに、一瞬でできる心理術であったことに、あなたは心底驚いているかもしれない。

しかし最後に、一瞬で人を幸せな気分にさせてしまうとっておきの方法があるので紹介しておこう。

スタンフォード大学のエミリー・ジテック博士は、男女104人の学生を2つのグループに分け、1つのグループに「あなたの人生の中で不愉快だった出来事を10分間書いてください」と言って書かせた。そして、もう一方のグループには「退屈だった出来事」を同じく10分間書かせた。

そして次に、「もしよければ、引き続き他の実験にも協力してくれないか」と申し出たところ、「不愉快」グループでは60％の学生しか引き受けてくれなかったが、「退屈」グループでは81％の学生が引き受けてくれた。

つまり、不愉快な出来事を思い起こさせられ、苦い気分を味わわされた学生たちほど、実験への協力を回避し、不親切になっていたのだ。

逆に考えれば、**幸せな出来事を思い出させて、当時のいい気分に浸らせるだけで、その人は自然にハッピーな状態になり、親切になる**ということだ。

たとえば、あなたが車のセールスマンだったとしたら、「これまでは電気系統でお困りでしたよね？」などとマイナスなイメージを喚起させるようなセールストークは、お客にイヤな出来事を思い出させるのでNGだ。

しかし、「お子さんとのドライブでは、いい思い出がたくさんあるのでは？　どこに行ったときでした？」などと楽しい思い出をくすぐれば、お客はとたんに笑顔になり、あなたの営業トークを喜んで聞いてくれるはずだ。

幸せな出来事を思い出させよう

いろいろあって
困ったよな
暗い気分
NG
これまでどんな
トラブルに
見舞われました？
買うのやめます
お客
ディーラー
山に出かけたときは
本当に楽しかった！
OK
明るい気分
ドライブの思い出
で一番楽しかった
ことは何でした？
4WDがいいな！
ディーラー
お客

思い出であれ幸せな気分に浸ると、人は気持ちが大きくなり、親切になる

人間心理を知っておこう

五感に訴えよ

説得方法はいろいろあるが、人間の視覚、聴覚、味覚、触覚、嗅覚の五感を総動員させるような説得があれば、それが最高に効果的であることは容易に想像できるだろう。

ミシガン大学のライアン・エルダー博士は、54人の学生を対象にガムの広告実験をした。

その際、「香りが長く続く」とアピールした広告と、「五感を刺激する」とアピールした広告を見せてから、それぞれ実際にガムを噛ませて味を評価させた。

すると、「香り」だけのグループでは味の評価が4・77点であったのに対し、「五感」のグループでは5・39点の高評価をつけたのだ（7点満点）。

つまり、1つの感覚をアピールするよりも複数の感覚をアピールするほうが、噛んだときのおいしさが増したといえる。

また、米タフト大学のマックス・ワイズバック博士によれば、人は持ち物にも大いに影響されることがあるという。

博士は女性たちに「everyBODY is beautiful」（みんな美しい→あらゆる体は美しい）と書かれたTシャツを着させて反応をみたところ、太った女性ほど自尊心が高まる傾向が認められたのだ。

何げなく目にしている持ち物からも、人間はこれほど影響を受けてしまっているのだ。

心理法則

第6章

権威で人を操る

人は、つい権威にひれ伏してしまうもの。
自分よりも大きいものや強いものにさからわないのが多くの人間だ。
だから「権威」を偽装して人を説得するのは極めて得策なのだ。
実態はどうであれ、権威を偽装することなどじつにたやすい。
ここでは、そうした価値のあるイメージを作り出し、信じさせ、
売りつける方法を伝授しよう。

心理法則

42

〝最初に〟権威づけする

第一印象は後々まで残る

TVのコマーシャルを見ていると、CMの最後に企業名やブランド名を出す企業が大半を占めている。しかし、心理学的にいうとこれは間違いである。

サンディエゴ州立大学の心理学者、ウィリアム・ベイカーは244名の学生を対象に、ガムや洗剤などのCMを見せ、ブランドネームを出すタイミングについての調査をおこなった。

その結果、ブランドネームがCMの最初に出た場合の好感度は60・6点、CMの最後に出た場合は56・1点、最初と最後に出た場合では55・1点だった。

これは心理学で「初頭効果」と呼ばれるもので、**わたしたちは一番最初に触れたもの、接したものに、より強い印象をもってしまう**のである。

その証拠に、詐欺師たちはこの原理を応用し、出会い頭に〝権威〟を見せつけることを常套《じょうとう》手段としている。

たとえば、1985年の豊田商事事件。この悪徳商法事件が爆発的な広がりをみせた背景には、「豊田商事」という社名が大きく関係していたといわれている。

トヨタの名前を名乗ることで、あたかも世界的自動車メーカーのトヨタ自動車の関連会社であるかのような印象をもたせ（実際はまったく無関係）、被害者たちを信用させていたのだ。そのため、彼らは出会い頭に「豊田商事の○○と申します！」と社名を語り、被害者たちに強い印象を与えていたという。

だからあなたも、これからは開口一番に「○○商事です」「東大出身です」などと自己紹介すれば、初頭効果でかなりの権威づけが期待できるはずだ。

なんの権威もない人だって、最初にありとあらゆる経歴や経験を自信満々に並べ立ててみればいいのだ。それだけで、その後の印象は大きく変わるはずだ。

最初の一言で勝負は決まる

東大出身の山田です
医学博士の山田です
代表取締役の山田です
権威を感じさせる肩書きを最初に強調する
＝
強く印象に残る
初頭効果

「初頭効果」によって、最初に入ってきた情報が最も記憶に残りやすくなるので、とにかく第一印象をよくすることが重要だ

心理法則

43 権威の言葉を引用する

力不足は権威で補える

権威というものは、雲の上の存在であなたの人生にまったく縁のないもの、というわけではない。

有力な政治家、著名な科学者、今をときめくIT長者などなど、**あなたが知るかぎりの〝権威〟は、じつはその力を利用できる力強い味方なのだ。**

たとえば、会議であなたの主張がなかなか通らなかった場合、「これには社長も同意しています」と一言発するだけで、議論の流れは180度変わってしまうはずだ。

こうした〝虎《とら》の威《い》を借る〟行為は、あらゆる場面で使えるし、その効果は折り紙付きだ。

たとえば「ドラッカーもいってるようにマネージャーってのは……」「これはスティーブ・ジョブズの言葉なんだけど……」などと説明すれば、その説得効果は絶大だ。これを心理学では「権威効果」と呼ぶ。

テキサス大学で広告学を研究しているパメラ・ホーマーは、男女234名の大学生を対象に、次のような広告を見せて実験をおこなった。

スキンケア商品の広告を作成し、そこに記されている文章を2パターン用意。1つは「会計士が推奨」している、という内容の文章で、もう一方は「スキンケアの専門家が推奨」している、という文章である。

そして、どちらの広告に説得力を感じたか聞いてみたところ、スキンケアの専門家が推奨している広告のほうが説得効果が高いという結果が出た。

会計士も権威のひとつには違いないが、お門違いだったというわけだ。

つまり、権威効果を狙う場合には、なるべく話の内容に合致した人物を援用するといい。ビジネスの話をしているときにスポーツ選手の言葉を持ち出したところで、その効果はあまり期待できないだろう。

使える「権威」は使ったほうがいい

僕はこのプラン
を押します
それはお前の
意見だろう
A案
上司
部下
社長
権威の力を
援用
このプランは社長も
賛成しています
そ、そうか…
A案
上司
部下

「権威」を持ち出すと説得力が増す、これを「権威効果」という

心理法則

44 権威はいくらでも作り出せる

「前提」にしてしまえば疑われない

今後日本の経済力が衰退の一途をたどっていくことは、もはや議論の余地がないところである。その背景に中国の存在があるのはいうまでもない。

……という一文を読んで、あなたはどう思っただろうか。なんとなく納得してしまったという人も多いのではないだろうか。

じつはこれ、「前提暗示」という心理術のひとつ。

「周知の事実であるが……」

「みなさんご存じのように……」

「いうまでもなく……」

「○○であることは、もはや議論の余地がない」

といった言葉を使うと、説得力が格段に増すのだ。

なぜなら、**これらの言葉を使えば「社会的に認められていること」に聞こえる**からだ。そしてわれわれは「社会的に認められていること＝常識」から外れることを、ひどく恐れてしまうのである。

ギリシアのマケドニア大学の心理学者、アントニス・ガーディコティスは次のような実験をおこなった。

まず、大学生をABの2グループに分け、架空の説得文を読ませた。なお、それぞれの文頭には次の一文が入れてある（残りは同じ文章）。

A「大多数の人が支持しているように」

B「半数の人が支持しているように」

そして読後の感想を聞いてみたところ、Aのほうが説得力が高いことがわかった。

もちろん、普段の会話の中では、前提などいくらでもでっちあげていい。上記以外でも「当然だけど」「まさか知らないヤツはいないだろうけど」などと前提暗示をうまく使うと、あなたの話の説得力は大幅にアップするだろう。

前提にすることで常識を作り上げる

よくいわれるように
中国のGDPはあと10年で米国を抜きます
もしかしたら中国のGDPはあと10年で米国を抜くかもしれない
説得力大
>
説得力小

前提を会話に入れるだけで話が多数意見になり、説得力が増す

心理法則

45 制服がもつ力強さ

人はユニフォーム姿に弱い

警官を見ただけで緊張してしまう人がいる。また、白衣のお医者様に接すると子どものように無条件降伏して、何をいわれても鵜呑《うの》みにしてしまう人もいる。

あなたも、制服姿に何らかの力を感じないだろうか。

こうした**制服がもつパワーのことを、心理学では「ユニフォーム効果」や「ドレス効果」と呼ぶ**。

銀行の警備員の服装が警官の制服に似ているのは、見る人に警察のようなパワーを感じさせ、恐れさせるのが目的だ。

医学生が白衣を着ただけで「先生」と呼ばれるのも、学生の力ではなく、白衣に力が宿っているからなのだ。

それを証明する実験データがある。

マサチューセッツ州クラーク科学センターの心理学者、レオナルド・ビックマンは、違う服装をした3人がそれぞれ歩行者を呼び止め、いろいろと頼みごとをする実験をおこなった。

呼び止める3人の服装は、①一般市民（ジャケットにネクタイ）、②牛乳屋（白いエプロン姿）、③ガードマン（警官に似た制服）。そして、呼び止めた人に対するお願いは、次のようなものだった。

「私のバッグを拾ってもらえませんか？」

「小銭がないので1セントくれませんか？」

「この看板を向こう側まで移動してくれませんか？」

その結果、頼みごとを引き受けてもらえたのは、圧倒的に、警官そっくりの制服のガードマンだった。スーツ姿の人から頼まれても断るのに、警官っぽい制服の人に頼まれると承諾してしまったのだ。

だったら、学校の先生方も私服で授業するのはやめて、白衣を制服にすればいいのではないだろうか。権威を取り戻せて、生徒からナメられることもないだろう。

ユニフォーム姿の人には油断してしまう

水道局のほうから
お伺いしました
目的は同じ浄水器のセールス
浄水器のご案内に
きました

制服・作業服姿

- セールスマンらしくない
- 断りにくい
- 説得力 大 ↑
- 警戒心 DOWN ↓

スーツ姿

- いかにもセールスマン
- 断りやすい
- 説得力 小 ↓
- 警戒心 UP ↑

制服を着ているだけで信頼感や力強さが
かもし出され、どこか安心してしまう

心理法則

46 言い訳はアンタッチャブルなものにする

人は「外的な理由」に弱い

もし、あなたが大事なデートに遅れたら、どちらの言い訳をしたほうがスマートだろうか。

「いやあ、寝坊しちゃって、ほんとゴメン」

「電車が脱線事故で止まりやがって。クソ！」

もちろん、「電車」に責任転嫁したほうが賢く、その後のデートにも支障が出ないだろう。

こうした「当人にはどうにもできない問題」、つまりアンタッチャブル（手が届かない存在）な理由のことを、専門的には「外的な理由」という。

説得するとき、あるいは謝罪するときには、できるだけ「外的な理由」を持ち出す。これが鉄則である。

ウィスコンシン大学のジェームズ・ディラード博士は、51組の夫婦のやり取りを分析した。

すると、夫が残業の言い訳をするとき、「オレは仕事がしたいんだ」と仕事のやる気をみせるよりも、「上司からこの仕事を明日までにやれといわれているんだ」と言ったほうが妻は納得することが多かった。

「オレは仕事がしたい」という言い訳は、妻からみれば、自分や家族よりも仕事を選ぶ男としてしか映らない。

それに対して「上司」や「会社」のせいにすれば、文句のいえない「外的な理由」となる。妻も「だったら仕方ないわね」と納得してくれるのだ。

「外的な理由」は、ビジネスの場でも十分に活用できる。たとえば、相手から値引きなどの譲歩を求められた際には「これが社内で決められた基準ですので」と断る。あるいは「原油価格の高騰が響いておりまして」などと、世界規模の「外的な理由」をくっつけるのだ。

こうすれば、断られるほうも納得しやすくなるというもの。折れるにあたっての大義名分として「外的な理由」ほど好都合なものはないからだ。

どうせ言い訳するなら「外的な理由」にする

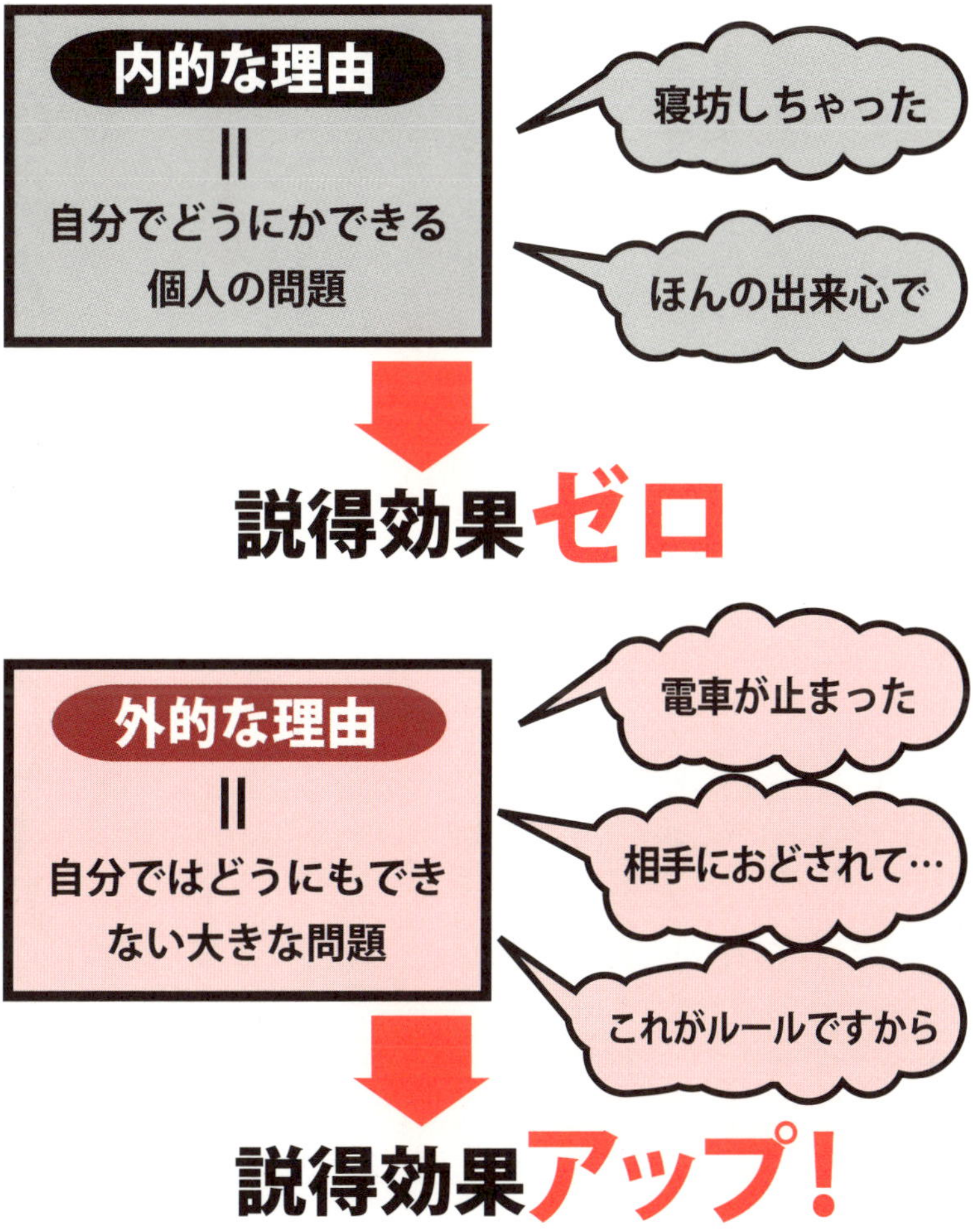
内的な理由
＝
自分でどうにかできる
個人の問題
寝坊しちゃった
ほんの出来心で
説得効果ゼロ
外的な理由
＝
自分ではどうにもできない大きな問題
電車が止まった
相手におどされて…
これがルールですから
説得効果アップ！

どうにも対処できない理由であれば納得してもらえる

心理法則

47 〝他のみんなも〟をアピール

人は仲間外れが大嫌い

人間には「同調傾向」がある。

流行とかブームとかがまさにそれで、今年の流行色だといわれれば〝みんな〟その色を使ってしまうし、スマートフォンが大ブームといわれれば、自分だけ乗り遅れることがないように〝みんな〟スマートフォンに買い替えてしまう。

しかし、その色が好きなのかと質問すれば、きっと「流行色だから」という答えが返ってくるだけだろうし、スマートフォンが便利なのかと聞けば、ほとんどの人が「あんまり使いこなせてな～い」と答えるだろう。

理由などどうでもいい。〝みんな〟と同じで、その時代の空気に同調できていれば、それで十分なのだ。

だったら、**理由など必要ない。「みんなやってるよ」という言葉さえあれば、主張は通せる**のだ。

シカゴ大学行動科学准教授のノア・ゴールドスタインは、中規模ホテルの宿泊者1058人の事例を調査した結果を報告している。

ホテルではルームメイキングの際、環境保護のためにタオルを交換せずに、もう1日の継続使用をメッセージカードで訴えた。

ある部屋で「環境保護のために」というメッセージを置くと、35・1％の人が再使用に賛同してくれた。

しかし、別の部屋で「約75％の宿泊者にタオルの再使用をいただいております」というウソのメッセージを置いたところ、44・1％もの人が再使用に賛同した。

つまり、みんなもやっているんだったら自分もやろうという同調傾向が認められたのだ。

ちなみに、〝みんな〟などの言葉ではなく、具体的な数字を提示したければ、4分の3の数値を出せば、〝大多数〟をイメージさせることができるだろう。

「大多数の意見」で説得する

だって新しい
タオルがいいもん
エコのためにタオル
交換を控えてください
from フロント
NO!
アピール力
小
拒否
みんなそうなんだ
ほとんどの人がタオル
交換を控えてくれてい
ます　from フロント
YES!
アピール力
大
同調

他の人もやるなら自分もやろうという「同調傾向」を利用して主張を通す

心理法則

48 裏技的な権威づけの方法

一度キレておくと効果大

上司にとって、部下から嫌われることは避けたいものだが、それ以上に避けたいのは「バカにされること」や「ナメられること」である。

これは学校の教師と同じで、生徒（部下）から少しでもナメられてしまうと、その評価を挽回するのはかなり難しくなる。

もちろん、いつもガミガミ怒鳴ってばかりだと嫌われてしまい、部下はついてこなくなる。最も望ましいスタンスは「普段は優しいけれど、怒らせると怖い」というものだろう。

アムステルダム大学の心理学者、ゲアベン・ヴァンクリフは、次のような実験をおこなった。

実験は、携帯電話の「売り手」と「買い手」に分かれて価格や保証期間などを交渉してもらうものだ。

このとき、「買い手」役を演じるのはサクラの被験者で、彼らには「怒る人」と「怒らない人」とを演じてもらった。

その結果、**怒る演技を取り入れたほうが、ずっと交渉を有利に進められることがわかった**のである。

だからあなたも、一度でいいから部下の前でキレておこう。机を叩き、大声で怒鳴りつけておこう。

本当にキレる必要はない。演技の怒りで、まったくかまわない。めったに怒らないあなたが急に怒り出すのだから、周囲はただ驚くだけで、演技かどうかなどは考えもしないだろう。怒ることをせずに部下を図に乗らせると、結局あなたの評価が引き下げられてしまうのだ。

よく、人を動かすにはアメとムチが必要だといわれるが、毎回ムチをふるう必要はない。ムチとはそれを「もっていること」を知らせておくだけで、十分に抑止力としての効果を発揮するのだ。

一度キレておけば優位に立てる

返品させろ！
金返せ！
こんなもの売りやがって
全然つながらないじゃないか！
一度キレておくともうナメられなくなる
交換してね
サービスしてね
わかってくれればいいんだ
安いプランにしてくれるでしょ
“怒らせたら怖い” イメージをもたせる

「怒らせたら怖い」という思いから、要求を飲んでしまいやすくなる

人間心理を知っておこう…

多数意見をでっちあげろ

ウソでもなんでもいい。とにかく〝みんな〟が使っている、満足している、推奨している、ということをアピールすると、なんとなくその気になるのが人間だ。

インディアナ大学の心理学者、ザカリー・トルマーラの実験だ。

実験は、学生たちに対して「大学生は、学内の図書館やカフェテリアなどでお手伝いをするべきだ」という主張を聞かせるというもの。

このとき、半分の学生には「900人を対象に事前調査したところ、86％の支持があった」と話した。また、もう半分には「14％の支持があった」と話した。

その結果、事前調査で「86％の支持があった」と聞かされた学生たちのほうが、その主張を受け入れやすくなっていることが明らかになった。

わたしたちは自分の頭で考えているようでいて、実際には多数派の動向にかなり影響されているのだ。

逆に、集団の中で多数派に抵抗するのは、じつに難しい。

そこで、少数派のくせに「みんな同意見ですから」とか「今じゃ、みんな持っているよ」などと、デマを広めてみよう。案外みんな、信じてくれるかもしれない。

心理法則

第7章

しぐさで人を操る

どんな美辞麗句を並べても、どんな立派な権威があっても、
あなたのしぐさや動作がぎこちなかったり不快なものであったりしたら、
誰も相手にしてくれないだろう。
人を信じさせるには、人に受け入れてもらえる振舞いが必要だ。
すぐれた説得者はすぐれたパフォーマーである。
俳優や女優になったつもりで演じてみよう。

心理法則

49 相手を真似ることの効果

心をつかむ「ミラーリング」

思うように話せない。考えをうまく伝えられない。口ベタで話が続かない。何かいい方法はないだろうか。

コミュニケーションでそんな悩みを抱えている人は多い。しかし、なにも話すことだけがコミュニケーションではない。

そう。あなたのしぐさ、その一挙手一投足が、すでにコミュニケーションなのである。「ボディランゲージ」という言葉があるように、じつは「言葉」よりも身体的な「しぐさ」のほうが、相手にはアピール力があるのだ。

カリフォルニア大学の心理学者アルバート・メラビアン博士の有名な「メラビアンの法則」によれば、人が初対面の人とコミュニケーションをおこなう際に影響されるのは、表情、態度、ジェスチャーなどのボディランゲージが55％、声の調子が38％、言葉そのものはわずか7％にすぎないという。

そこで、相手のしぐさを真似るだけの「ミラーリング」というテクニックを紹介しよう。

会話とはキャッチボールなのだから、べつに自分が素晴らしい球を投げられなくてもかまわない。相手にいい球を投げさせること、つまり、相手に気持ちよくしゃべらせることができれば、十分に会話の達人になれるのだ。

このとき有効なのが「ミラーリング」だ。たとえば、相手が足を組んだらこちらも足を組む。相手が身を乗り出したら、こちらも身を乗り出す。相手がコーヒーに手を伸ばしたら、こちらもコーヒーを飲む。まさに鏡のようにしぐさをコピーするだけで、相手は気持ちよくなってしまう。

左図の実験結果からもわかるように、**ミラーリングで相手のしぐさを真似るだけで、相手から好感をもたれ、会話をスムーズに運ばせることができるのだ。**

言葉より「ミラーリング」で心をつかめ

メラビアンの法則

コミュニケーションで重要なもの

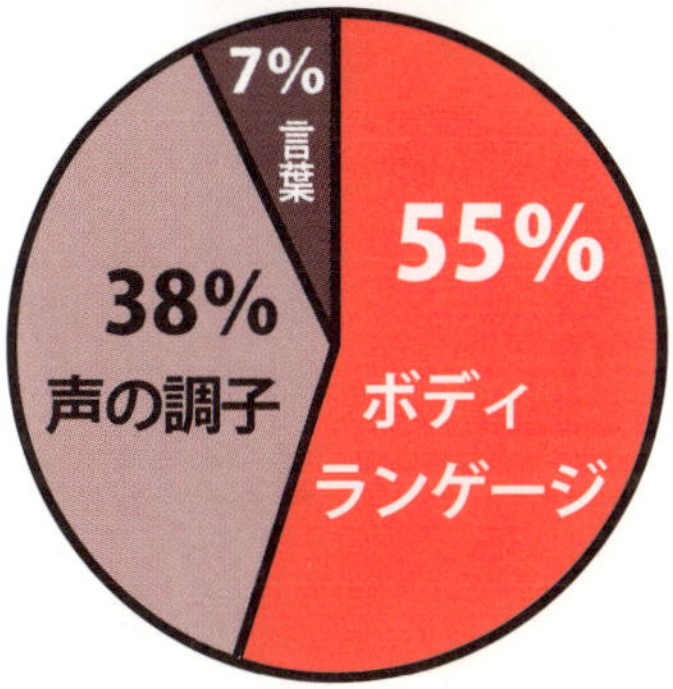

ミラーリングの実験

チャートランド博士の調査	スタッフがただ会話した	スタッフがミラーリングをして会話した
スタッフに対する好感度	5.91	6.62

（9点満点） (Chartrand,T.L. et al.1999)

「ミラーリング」をされると会話もスムーズに進んだという回答を得た

相手のしぐさを真似るだけで、相手は心を開き、好意までもってくれる

心理法則

50

ジロジロ見ると人は動かない

人は監視されることに抵抗する

あなたのオフィスは、大きな部屋で多数が机を並べている従来型のオフィスだろうか。それとも、最近よく見かけるようになってきている欧米型の、それぞれの机がパーティションで区切られている小部屋型オフィスだろうか。

日本の大部屋型では、直属の上司が全員を見渡せる場所に座っている。さながら監視されているような状態で仕事をすることになる。

社員同士のコミュニケーションという意味では、日本の大部屋型もいいだろう。だが、生産性の観点から考えると、他者（特に上司）の視線を感じずにすむほうが、仕事ははかどるものである。

この「他者の視線」について、ペンシルベニア州立大学のR・バリーは、おもしろい実験をおこなっている。

彼は、ショッピングモールの駐車場から出ようとしている車２００台のドライバーたちを観察した。

すると、自分の後方あたりで他の車が待ち、自分が出ていったスペースに入れようとしていると、出発までの時間が39・03秒かかった。しかし、誰も待っていないときには出発までの時間が32・15秒と少なかった。

つまり、**他人からジロジロ見られると、それに抵抗するためわざとゆっくり動いたり、あるいはストレスを感じて普段どおりの動きがとれなくなってしまう**のだ。

だから、部署全体の生産性を上げたいのであれば、部下たちの仕事ぶりをジロジロ見るのはやめたほうがいい。ある程度部下を放置し自由を与えて、見て見ぬフリを決め込むくらいがちょうどいい。もちろん、可能であれば机ごとにパーティションで区切るのが望ましい。

いちいち監視されるような状態は監獄にいるのと同じである。人間は何よりも自由な空気を好むのだ。

人はジロジロ見られると抵抗する

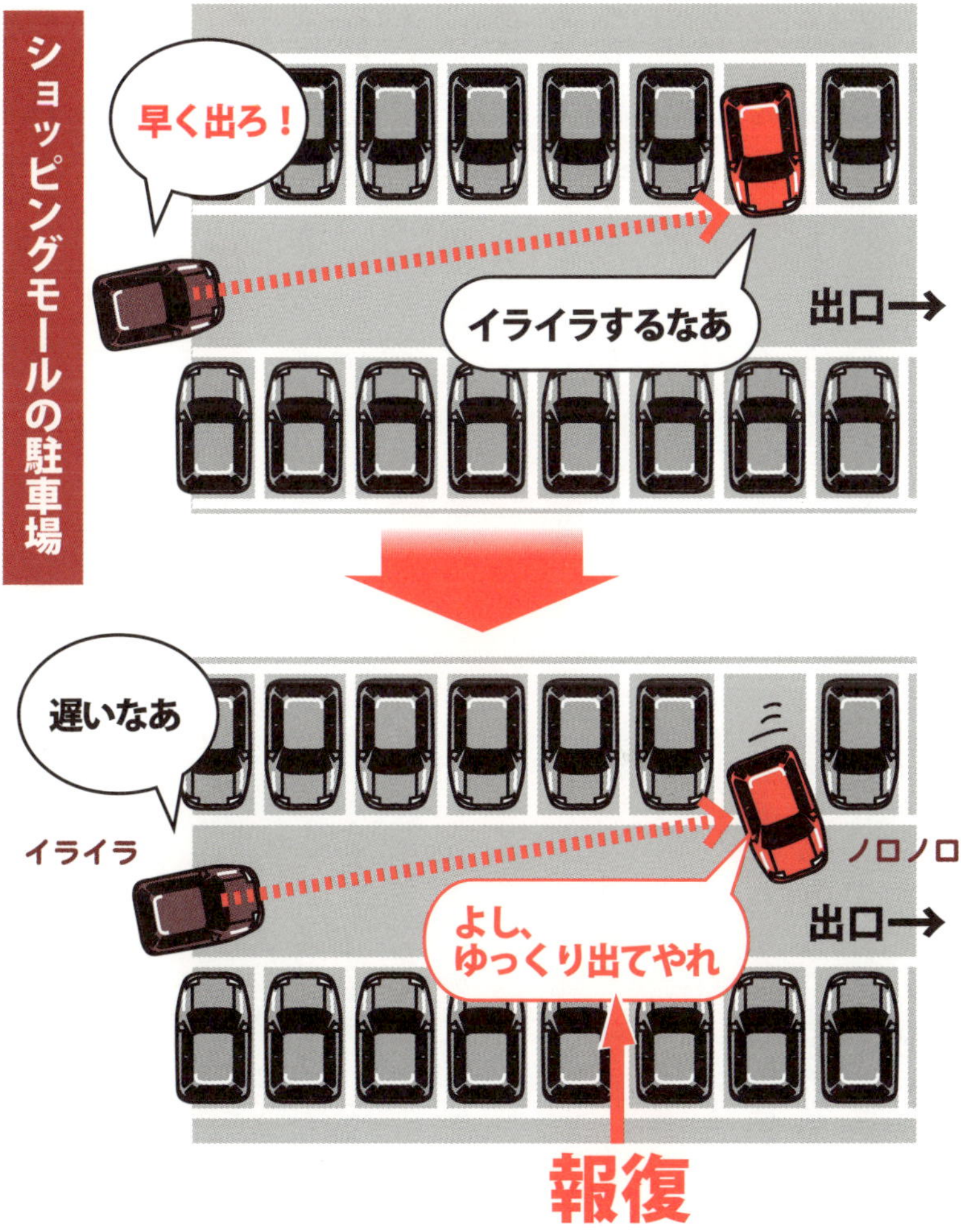
ショッピングモールの駐車場
早く出ろ！
イライラするなあ
出口→
遅いなあ
イライラ
ノロノロ
よし、
ゆっくり出てやれ
出口→
報復

見られることに抵抗するだけでなく、報復手段に打って出ることが多い

心理法則

51 笑顔は人を引き寄せる

いい笑顔は最強の武器となる

笑顔がうまく作れない人がいる。あるいは、心からの本当の笑顔は好きだけれど、作り笑いには嫌悪感をもってしまう人もいる。

もちろん、気持ちのいい笑顔に比べて、薄ら笑いする相手には不信感をもつのが普通だ。

だが、たとえ作り笑顔であっても、その威力はあなどれない。人間は笑顔に接すると、心を開き、ガードをゆるめてしまう生き物だからだ。

たとえばファッションモデルたちは、いつも作り笑顔をしている。しかし、だからこそ好意的に見えるし、そのファッションに魅力を感じてしまう。

もし、モデルたちがしかめっ面をしていたらどう感じるだろう。決して好意的には思えないし、警戒心さえ抱いてしまうはずだ。

モデルたちが何を考えているのかわかるはずもないのに、笑顔があるかどうかだけで、わたしたちはこれだけの反応をしてしまう。それだけ笑顔には、計り知れない効果、人を引き寄せる磁石のような魔力があるのだ。

英国アバディーン大学リンデン・マイルズ博士は、男女3人ずつのモデルの写真を撮り、それを男女40人の大学生に見せてその反応——どれだけ顔が写真のほうに向かって動いたか——を調べた。

すると、写真の顔が「無表情」であった場合に比べて、写真の顔が「笑顔」であった場合のほうが、20倍も顔が写真に向かって動いたのである。

笑顔を見ると、人はその笑顔に引き寄せられる。それも身体だけでなく、心までもが引き寄せられてしまうのだ。したがって、たとえ作り笑顔であっても、苦虫を噛み潰したような顔よりは何倍も威力のある武器になるのだ。

人は「笑顔」に引き寄せられる

笑顔のある人に対しては
「安心感」をもってしまう

↓

そして、人は笑顔に
引き寄せられる

↓

笑顔の人の周りには
たくさん人が集まる

↓

そして笑顔は「伝染」する

自然な笑顔を見せていれば、少なくとも敵意だけはもたれない

心理法則

52 多勢に無勢は本当だ

“数”の多さは“強さ”になる

初めての商談や面談に臨《のぞ》むときには、あなたは十分な準備をして戦いの場へ赴《おもむ》くはずだ。

しかし、そんなことをしなくとも、ただ部下を何人も引き連れていくだけで、先方を圧倒することができる。

なぜなら、部下を何人も従えていると、それだけで「仕事ができる」とか「リーダーシップがある」といったアピールをすることになるからだ。

つまり、**わたしたちは相手を評価するときに、「数」=「力」と考えてしまう**のである。

イスラエルにあるヘブライ大学の心理学者、ヤコブ・スクルは、52名の大学生を対象に次のような模擬面接の実験をおこなった。

被験者には、人事担当者になったつもりでコピーライターとして応募してきた人を評価させる。

このとき、自分の優秀さを示す推薦状が1通の応募者と、推薦状が2通ある応募者について評価させた。

すると、コピーライターとしての「適正」はもちろん、「正直さ」や「チーム精神」という項目においても、推薦状を2通もっていた応募者のほうが高く評価された。

要するに、彼らは推薦状の中身などに関係なく、ただ推薦状の「数」によって評価を下していた、ということである。人間の評価など、その程度のものなのだ。

だから、外部の人と会うときにはアシスタントを1人連れていくだけではなく、できるだけ2人、3人とたくさん引き連れるようにしよう。

まったく仕事のできない、右も左もわからない新人だってかまわない。とにかく数で勝負するのである。

そして商談中は、アシスタントを後ろに立たせておけばいい。そうすれば相手は威圧感を覚え、あなたをとんでもない大物のように錯覚するはずだ。

実力不足は"数"で補える

はじめまして
はじめまして
1人+部下3人
1人
力強い
頼りない

「数は力」の原理を利用し、多人数で交渉に臨めばそれだけ説得効果も高くなる

心理法則

53

「まばたき」は心を映す鏡

信じてほしければまばたきを我慢

ウソをついているときの表情があるらしい。視線を合わせない。声がうわずる。唇をなめる。汗をかく。まばたきが多くなる。

どれもそうかもしれないが、本当のことはわからない。しかし、1つ真理がある。それは「まばたき」である。どうやら、**ウソをつくとまばたきの回数が多くなるらしい**のだ。

ボストン・カレッジの神経心理学教授ジョー・テッセ博士が、『ニューズウィーク』誌（1996年10月21日号）でこんな調査結果を報告している。

テッセ教授は、2人の大統領候補者、ボブ・ドールとビル・クリントンが選挙期間中におこなった討論を見て、まばたきの回数を数えた。

一般的な人間の平均まばたき回数は1分間に30～50回だが、ドール候補はなんと平均147回、つまり1秒に3回もまばたきをしていたのだ。

一番まばたきが多かったのは1分間に163回で、「4年前に比べてこの国は豊かになったか」という質問。これが一番聞かれたくないことだったことがわかる。

一方クリントン候補のほうは、平均99回であった。これでも普通の2倍。一番多かったときの質問は「10代の青少年の薬物使用の増加についてどう思うか」で、1分間に117回だった。

教授は、それ以前の5回の大統領選挙も調査していて、そこから討論中のまばたきの多かった候補者はことごとく落選しているとも指摘している。それが「弱さ」や「不信」につながったと考えている。

もしも、あまり聞かれたくないことを質問されたら、これからは「目を見開いて、まばたきを我慢」すればいい。そうすれば、あなたのウソはバレずにすむだろう。

信じてほしければ「まばたき」は厳禁

まばたきが多いとウソがバレる

まばたき多
パチパチ
目をそらす
浮気なんか
してないよ
信じてくれ
ウソつき！

女性は本能的にウソがつける

まばたき無
パッチリ
見つめる
何かの
誤解よ、
裏切ったり
してないわ
キミを信じるよ

女性はこの原理を本能的に知っているので、ウソをつくときは決してまばたきしない

心理法則

54 魔法のしぐさ「相づち」

最も効果的な相づちの仕方

ここまで説明してきたように、相手から共感を引き出し、こちらの主張を上手に通すのに最も必要なのは、ボディランゲージ、つまり「しぐさ」であることが、もうおわかりいただけたと思う。

その中でも、魔法のしぐさと呼べる究極のテクニックが、「相づち」である。

鋭い質問など差し挟まなくていい。**ただ相づちを打っているだけで「この人は真剣に聞いてくれている」と思わせることができ、共感を得ることができる**のだ。

メリーランド大学の心理学者、アロン・シーグマンは、48名の女子大生を集め、次のような実験をおこなった。

この実験では、彼女らに2段階のインタビューをする。このとき、インタビュアーの男性は相づちを打ったり打たなかったり、変化をつけて話を聞く。

そして実験終了後、「インタビュアーはどれくらい温かい人物だったか」を調査した結果が、左図である。

ここで注目したいのは、第1段階で相づちを打ちながら、第2段階で相づちを打たなかったときの評価の下落ぶりだ。初め相づちを打ったのに後で打たなくなると、やたら冷たい人と感じさせてしまうのだ。

どんな退屈な話であろうと、どんなに疲れていようと、やると決めたら最後まで相づちを打つようにしよう。そうでないと、必要以上に評価を下げることになってしまう。

したがって、相づちは「なるべくたくさん、しかも大きく打つ」ことが重要だ。これが熱心さをアピールするうえでは絶対に欠かせない。

しかも「初めは少なめで、後半は多めに相づちを打つ」と、相手の話にグイグイ引き込まれている感じを演出することができる。

効果的な「相づち」の仕方

女子大生48名へのインタビュー

シーグマン博士の実験

第1段階：家庭について

第2段階：学校生活について

↓

インタビュアーの相づちの条件を変える
（相づちをしたり、しなかったり）

インタビュアーの温かさの評価 / 相づちの有無	第1段階	第2段階
あり＋あり	18.08	19.25 ↑
なし＋あり	16.58	18.91 ↑
あり＋なし	16.83	15.50 ↓
なし＋なし	16.58	18.00 ↑

(Siegman,A.W.1976)

いくら相づちを打って共感を示しても、後半に疲れて相づちをやめてしまうと逆効果になる

人間心理を知っておこう…

選ばせたいものを真ん中に

これは男性の読者にしかわからないことなので女性読者には恐縮な例なのだが、街中でとびっきりの美人と、普通にカワイイ子と、ブサイクな子に出会ったとする。あなたは、どの子の横を通り過ぎたいと思うだろうか？

男性という生き物はじつはとても臆病で、とびっきりの美人に向かうほどの度胸は持ち合わせていない。かといってブサイクな子には興味がない。

ということで、普通にカワイイ子の横を喜んで通り過ぎることになるだろう。

米国デューク大学のキャサリン・シャープ博士は、レストランでどのサイズのドリンクが最も選ばれるのかを調査した。

その結果、SサイズとLサイズは避けられ、Mサイズが一番よく売れたという。

人間には「極端性の回避」という本能があって、選択肢の中の両端を回避しようとするのだ。寿司屋の松竹梅がまさにそうで、「竹」が一番注文があることを、あなたもどこかで聞いたことがあるだろう。

だったら、あなたが手に取ってほしいものを真ん中に置いておけばいいのだ。

もし合コンがあって、意中の男性に自分を選んでほしければ、自分よりも美人と、自分よりもブサイクな子を誘って行けばいいのである。

心理法則

第8章

間接的に人を操る

何らかの主張を相手に直接すると、拒否されたり、嫌われたり、
傷つかれてしまうこともしばしばだ。
だったら、他の第三者の存在の陰に隠れて、
「間接的」な手段でアプローチしてみるのもいいだろう。
あなたの存在やあなたの意図が誰にも気づかれることがない、
「透明人間」になったかのような心理術だ。
かなり上級のテクニックになるが、最後にこれを習熟しておこう。

心理法則
55 間接的に暗示をかける

メッセージを第三者経由で伝える

たとえば、あなたが神崎君という部下を叱りたいとする。しかし、神崎君はメンツにこだわるので、面と向かって叱り飛ばしたら会社を辞めてしまうかもしれない。

そんなとき、どうすればいいだろうか。

簡単である。まったく無関係の鈴木君を叱り飛ばせばいいのだ。

これは心理学で「間接暗示話法」と呼ばれる手法で、第三者を経由して相手の心を動かす、という暗示テクニックである。

たとえば、映画やテレビの撮影現場では、監督がADさんをつかまえて大声で怒鳴り散らす光景がよく見られる。これはAD本人を叱っているのではなく、その場にいる全員、とくにそのシーンに登場している役者さんたちを叱っているのだ。

ちなみにV9時代の巨人軍では、長嶋茂雄《ながしましげお》さんが叱られ役だったそうだ。川上哲治《かわかみてつはる》監督はあえてスターの長嶋さんを叱り飛ばすことで、若手選手に活を入れていた。そして長嶋さんは叱られれば叱られるほど、発奮するタイプだったという。理想的な関係だ。

このように**間接暗示話法は、直接注意しづらい相手に使うことが多い**のだが、それ以外のメリットもある。

もしあなたが嫌いな上司から説教を食らったら、多かれ少なかれ反発するだろう。相手がどんなに正論を述べていても、腹が立つはずだ。

しかし、間接暗示話法によって第三者経由で伝えられると、自分に直接向かってこないぶん、意外なほど反発心が芽生えず素直に受け入れることができるのだ。

もちろん、その陰には撮影現場のADのように、さしたる理由もなく叱られている人がいるわけだが、その部分に目をつぶればかなり効果的なテクニックである。

第三者を通して間接的に伝える

何をやって
いるんだ！
本当はBさんに
向けて言いたい
すみません
Aさん
オレも
反省しない
とな
Bさん

直接伝えずワンクッション挟むことで抵抗も反発も受けずにすむ

心理法則

56 うわさ話は信じやすい

人はコソコソ話に聞き耳を立てる

あなたの上司は社内で愛妻家として通っている人である。ところが同僚が「じつは社内不倫してるんだって」とコソコソ話をしていた。このうわさ話の真偽はまったくわからないし、興味もないあなただが、他の誰かに上司のことを聞かれたら、きっとこう答えるはずだ。

「ここだけの話、じつは社内不倫してるみたいだよ」

人は、事の真相を確かめずにうわさ話やゴシップを大いに信じてしまう傾向があることを、カナダにあるカルガリー大学の心理学者、デビッド・ジョーンズが証明している。

博士はまず、「電話帳を引いて名前を調べる実験です」という名目で被験者を集め、待合室に待機させた。

このとき、待合室には2名のサクラの女性がいて、他にも聞こえる程度の声で次のようにしゃべった。

A「この実験、おもしろいらしいよ」

B「この実験、退屈らしいよ」

被験者たちはこのいずれかを聞いてから、実験に参加するのである。

そして実験が終了した後、実験への評価を尋ねたところ、Aの「おもしろいらしいよ」というコソコソ話を聞いていた人たちは一様に「おもしろかった」と答え、Bの「退屈らしいよ」というコソコソ話を聞いていた人たちは「つまらなかった」と答えたのである。

この「人は偶然耳にしたうわさ話のほうに信憑性を感じる」という働きのことを、心理学では「漏れ聞き効果」という。

つまり、自分自身の感想だと思っていたことが、うわさ話に大きく影響を受けていたのである。**正面から主張するよりも、うわさ話にしてこっそり耳に入れたほうが、相手は受け入れやすくなる**のだ。

これが「漏れ聞き効果」だ

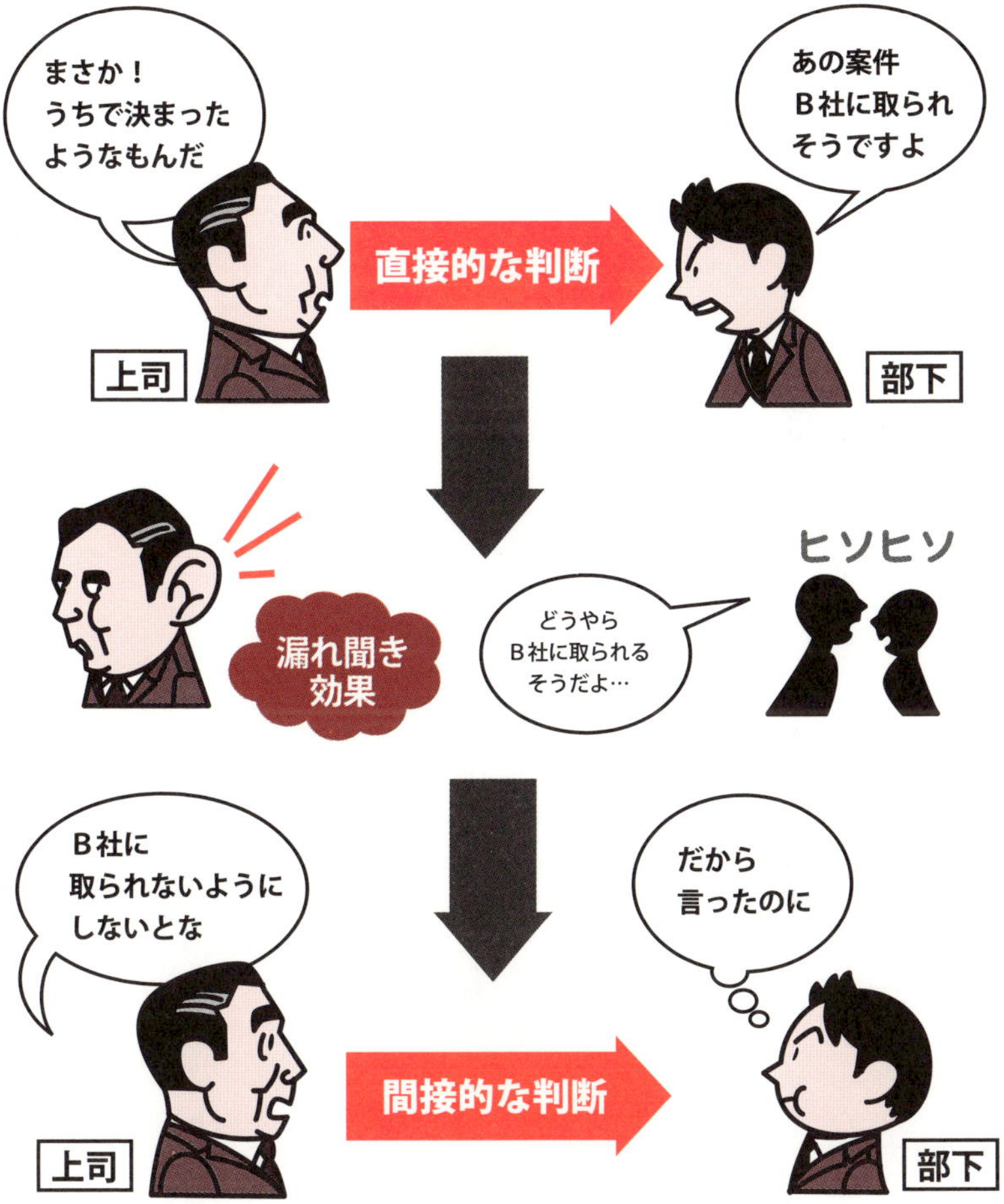
まさか！
うちで決まった
ようなもんだ
あの案件
B社に取られ
そうですよ
直接的な判断
上司
部下
ヒソヒソ
漏れ聞き
効果
どうやら
B社に取られる
そうだよ…
B社に
取られないように
しないとな
だから
言ったのに
間接的な判断
上司
部下

この心理法則を逆手に取って、自分のいいうわさ話を流すことで評価を上げることもできる

心理法則
57 クレジットカードのワナ

無意識に訴える仕掛け

世界各国のレストランを格付けする『ミシュランガイド』によると、日本は世界で一番の美食大国なのだそうだ。このガイド本に取り上げられたお店に一度は行ってみたいと思う人も多いだろう。

そのとき気になるのが、予算はどのくらい必要になるか、ということだ。「時価」という表記しかない寿司屋は多いし、フレンチでワインを頼もうならとたんに金額が跳ね上がってしまう。

持ち合わせが足りるかどうか気になり始めて、食事を楽しむどころではなくなってしまう人もいるだろう。

お会計するときになって初めてクレジットカードが使えることを知ると、「なんだ、ビビるんじゃなかったな」と後悔するはずだ。

そう。**カードを使えることが最初からわかっていると、**

人は安心感をもち、財布のひもをゆるむのである。

ニューヨーク大学のプライア・ラグバー博士が114名を対象にした調査結果がある。

まず、新しくオープンするレストランについて書かれた紹介文を2種類用意し、一方の文章にのみクレジットカードのロゴを記載した。そして、このレストランでディナーをとるとしたらいくら注文するかを調査した。

すると、カードのロゴが記載された紹介文を読んだ人のほうが、圧倒的に金額が大きくなっていたのである。

これは他の業種でも同じことがいえ、カードのロゴがあるほうがより多くお金を使う傾向が認められる。

ここで、本当は教えたくない秘訣を教えよう。カードのロゴを目立つようにドアなどに貼るのは悪趣味だ。もっとお客の無意識に訴える方法がいいだろう。

それは、メニューの片隅に記載しておくこと。お客はメニューを見つつ、安心感から次々に注文するはずだ。

視覚的イメージのアピール力

クレジットカードのロゴなし
お品書き
・極上寿司おまかせ
コース……時価
・上寿司おまかせ
コース……時価
う～ん、上寿司にしておこうかしら
なんか不安…
クレジットカードのロゴあり
お品書き
・極上寿司おまかせ
コース……時価
・上寿司おまかせ
コース……時価
CREDIT
よーし、極上寿司いってみよう！

クレジットカードのロゴをそれほど意識して見ていなくても、なぜか安心感を抱いてしまう

心理法則

58 「忘れてくれ」と言うと忘れない

相手を「余熱」で料理する

上司から「今度の日曜、ちょっと出勤してくれないかな」と頼まれたとする。もちろん休日出勤なんてしたくないあなたは「予定があって、ちょっと……」と断る。

すると上司は「そうだよな。気にしなくていいから、忘れてくれ」と言ってあっさり引き下がってしまう。そうなるとあなたは、「日曜に何かあるのか?」と気になってどうしようもなくなるはずだ。

人は「忘れてくれ」と言われると、かえって忘れにくくなる。

そして「気にしなくていいから」と言われると、逆に気になるのが人間である。

これは、スタンフォード大学のリー・ロス教授によっても明らかにされている、不思議な心理メカニズムである。説得を「忘れにくくさせる」テクニックとして、極めて有効なのでぜひ身につけておこう。

具体的な使用法は、以下のとおりだ。

ひととおり説得を試みたのに、どうも相手に納得してもらえない。そんな場合には、サラッとこう付け加えるのだ。

「ま、忘れてくれていいから」

「今言ったこと、たいしたことじゃないから」

「こういう意見もあるってだけの話だから、べつに気にしなくていいよ」

いったん引き下がって放ったこの言葉の威力は絶大である。

もはや、相手が抵抗する理由は何もない。だから警戒したり緊張したりする必要もなく、無防備になる。

それと同時に、ほとんど無意識のうちに、あなたの主張を検討してしまうのだ。

まるで余熱で料理されるかのように。

「余熱」で相手を料理しよう

Aさんのこと
調べてくれないか？
依頼
どうして？
そんなこと
したくないよ
警戒
拒否
気にするな、
忘れてくれ
警戒心
消滅
よかった
余熱効果
なんだった
んだろう？
モヤモヤ
ちょっと
調べて
みようかな
説得成功

いったん主張を取り下げることで相手の抵抗をゼロにしてしまう効果がある

心理法則

59 時間をかけて人を操る

鳴くまで待つのもひとつの手

人を変えようと思うなら、徳川家康《とくがわいえやす》の「鳴くまで待とう時鳥《ほととぎす》」のように、変わるまでじっと待つことも必要だ。くれぐれも織田信長《おだのぶなが》のように「鳴かぬなら殺してしまえ」とは思わぬことだ。

人の心は、言われてすぐに変化することは少ない。時間をかけてゆっくりと変化していくのが人の心なのだ。

とくに説得するときのように、相手を自分の思う方向に変えさせようとするなら、なおさらである。

インディアナ州にあるパーデュ大学の心理学者、リチャード・ヘズリンは次のような実験をおこなった。

まず、90名の大学生に対し、絶対に受け入れられないような文章を読ませる。実験で使用されたのは「ＣＩＡは国際テロから国民を守るために、国民の郵便物を勝手に開封・閲覧してもよい」という文章だった。

もちろん、これを読んだ大学生たちはみんな同意しない。ところが、6週間後にもう一度この文章について尋ねると、同意するようになったのである。

こうした長い時間をかけて起こる心理的変化のことを、「スリーパー効果」という。

それでは、どうしてスリーパー効果は起こるのか。

これについては「**自分と異なった意見を受け入れる（内在化する）のには、それなりに時間が必要**なのだ」というのが一般的な見解となっている。

確かに、人に言われてすぐそのとおりに従うのは、敗北感や屈辱感を伴うものだ。

言うべきことを言うのは大切なことだ。しかし、相手の変化は気長に待とう。

ちゃんと伝えてしまえば、その言葉は相手の潜在意識に残る。そしてフライパンの上でバターが溶けるように、かたくなな人の心もゆっくりと溶けていくのである。

時間をかければ成功することもある

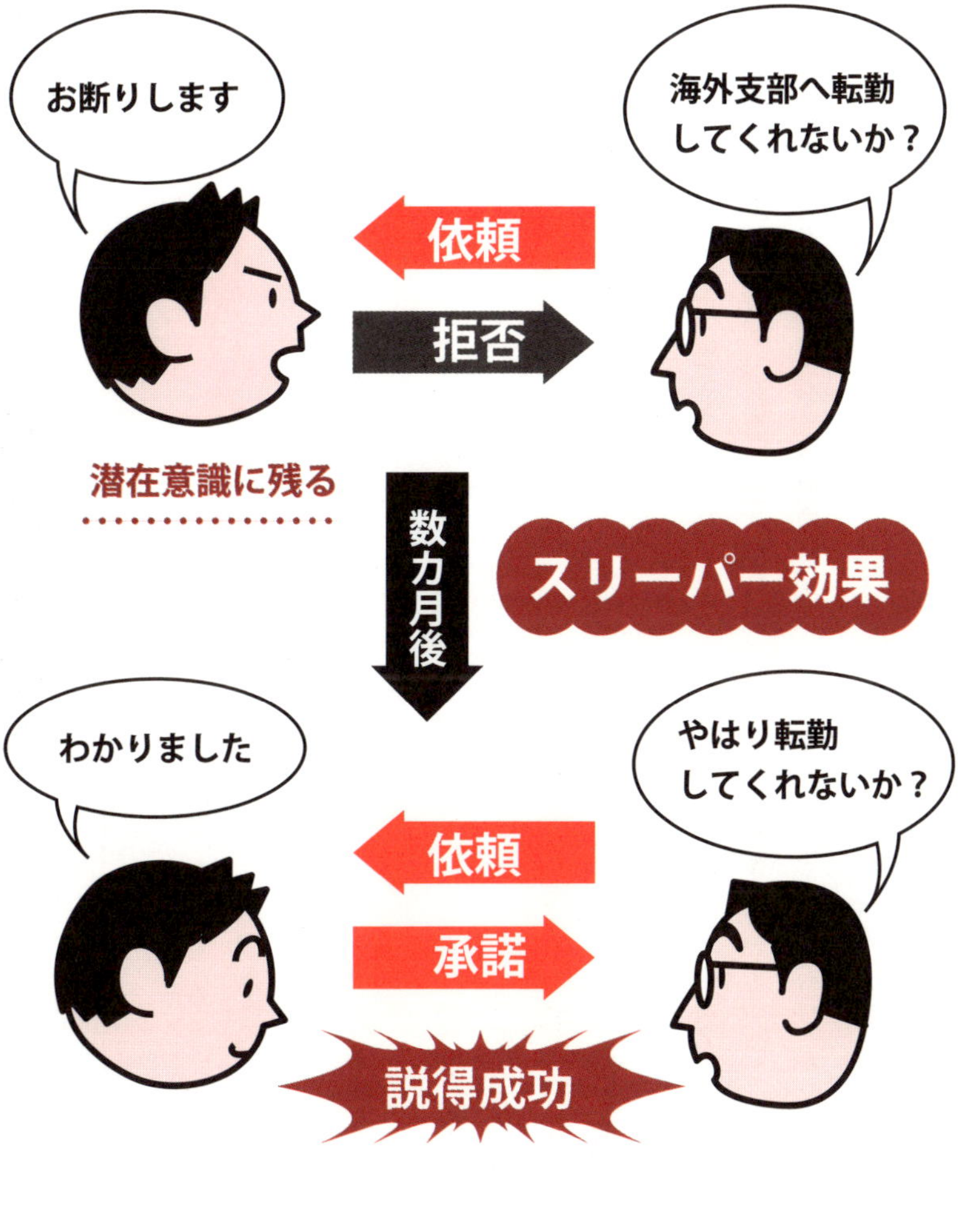
海外支部へ転勤
してくれないか？
お断りします
依頼
拒否
潜在意識に残る
数カ月後
スリーパー効果
やはり転勤
してくれないか？
わかりました
依頼
承諾
説得成功

変化が急に起こるとはかぎらない。時間をかければ変化する場合も多い

心理法則
60 第三者の力を借りる

友人からのお願いは受け入れやすい

最初に、オーストラリア・ナショナル大学のクレイグ・マッガーティ博士による実験結果を見てほしい。

まず、博士は「脳障害者の多くは、社会の側に責任がある。なぜなら交通事故、飲酒運転などが原因だから。政府はもっと予防に力を入れるべきだ」という趣旨の説得文を作成した。

これを博士自身が読み上げて説得するよりも、被験者と主義・主張が同じグループの人たちから読み聞かされた場合のほうが、より多くの説得効果があったのだ。

つまり、**医者や教師のような権威のある人物よりも、自分と心的に近い距離にいる人物、たとえば友達からのほうが圧力を感じた**のだ。

これを心理学では「ピア・プレッシャー」という。ピア（peer）とは「同僚・仲間」の意味である。

たとえば、親が子どもに「勉強しなさい」と説得する。しかし、子どもは聞かない。

そこで誰に頼むかといえば、子どもの友達に「うちの子を説得してくれ」と頼むのだ。

左ページの図を見てほしい。

まず、親が子どもに説得を試みるが、これが失敗する。すると今度は、子どもの友人A、友人B、友人Cをリストアップする。

そしてA、B、Cのうち誰が適任か判断し、子どもへの説得をお願いするのだ。こういった根回し的手法のことを、心理学では「第三者法」と呼ぶ。

ピア・プレッシャーが断りにくいのは、単純に「嫌われたくない」という心理と、そのグループから疎外《そがい》されたくないという心理が入り混ざっているためと思われる。

逆に考えれば、「こいつに嫌われたって、痛くもかゆくもない」という相手からの説得は、断りやすいのだ。

いざとなったら友達にお願いする

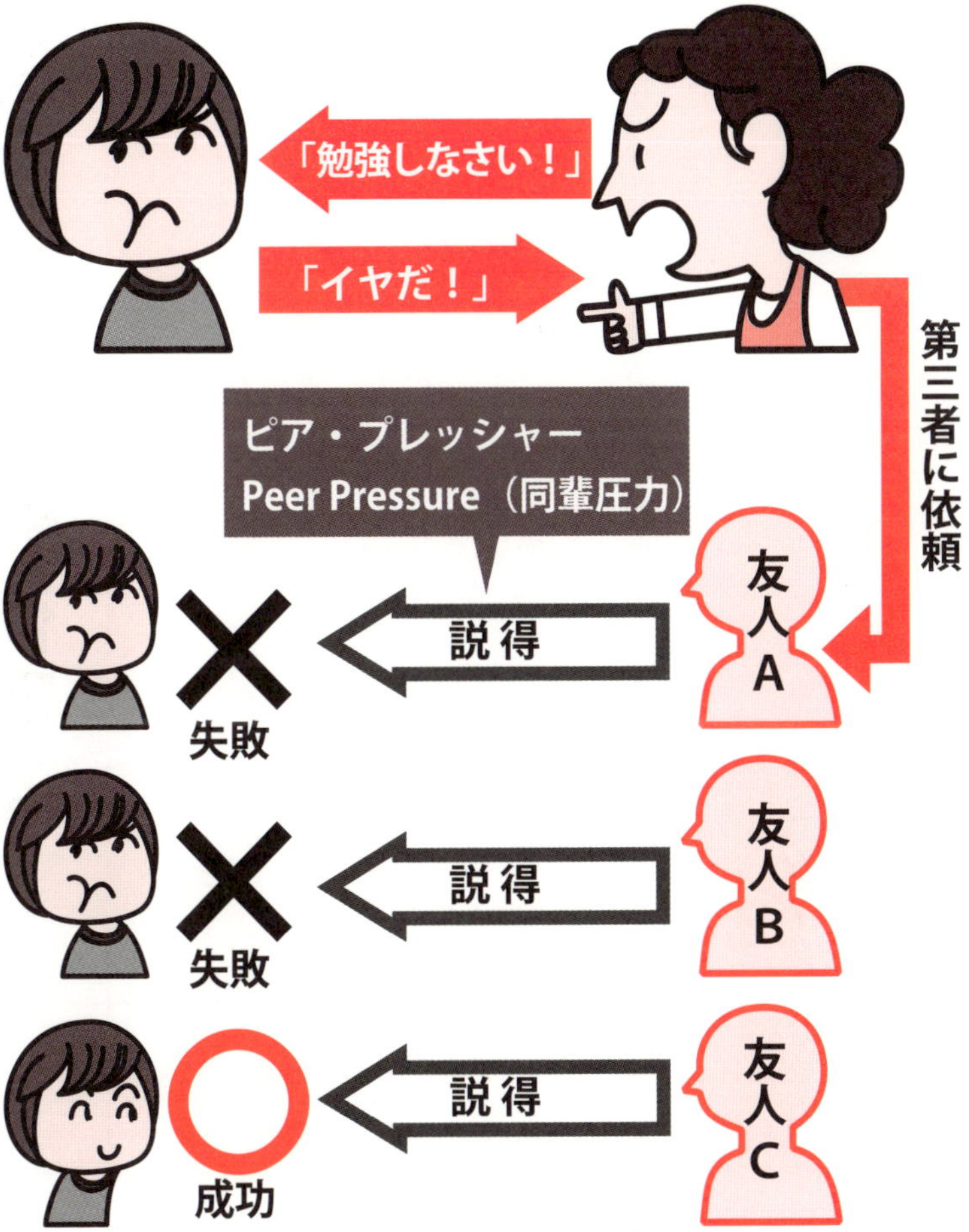
「勉強しなさい！」
「イヤだ！」
第三者に依頼
ピア・プレッシャー
Peer Pressure（同輩圧力）
説得
友人A
失敗
説得
友人B
失敗
説得
友人C
成功

仲間意識を大切にする人間は、友人、同僚、同輩などの意見・主張を尊重する

心理法則

61 見せるだけで説得する

こっそり、さりげなく見せる

街中に溢れる広告には「最新の機能が満載!」「10種類の有効成分配合!」「全品たったの270円!」などと、これでもかというほどのメッセージがてんこ盛りにされている。

そんな派手な広告がある一方で、「これって広告効果あるの?」と疑問に思ってしまうようなものもある。

メモ帳の下に小さく印刷されたロゴ、駅の階段の段差に貼られたショップ名だけのステッカー、バス停の時刻表の横に添えられた「○○病院すぐそこ」の8文字。

どこにも宣伝文句らしきものはなく、何もアピールしてはいない。しかし、この広告効果をあなどってはいけない。

目にする、それだけで、あなたの無意識には深くこの視覚的イメージが刻み込まれているからだ。

メリーランド大学マーケティング部准教授のロセリーナ・フェラーロは、表情の分析と称して126名の大学生を集め、「人の表情に注意してほしい」と言って20枚の写真を見せる実験をした。

バスを待っている人やランチを食べようとしている人などが写っていたが、それらの写真の中に、あるミネラルウォーターをこっそりと写り込ませていた。

実験後、4種のミネラルウォーターを用意し、その中から学生が何を選ぶか調査したところ、こっそり写っていた種類のものを選ぶ人が多かった(左図参照)。

つまり、意識せずとも、見ているだけでその対象に好意をもってしまっていたのだ。

同様に先にあげた例でも、あなたは無意識のうちに「メモ帳の下のロゴ」の企業に親近感を抱き、「階段のステッカー」のお店にいつか行ってみようと思い、急病になったらすぐそこの「○○病院」に駆け込むはずなのだ。

何げなく見せるだけで効果あり

フェラーロ博士の実験

① これらの写真の人の表情に注意して見てください

DASANI
DASANI
DASANI
20枚の写真の
うち、0枚～12枚の
写真にDASANIが
写り込んでいる

②ご自由にお取りください

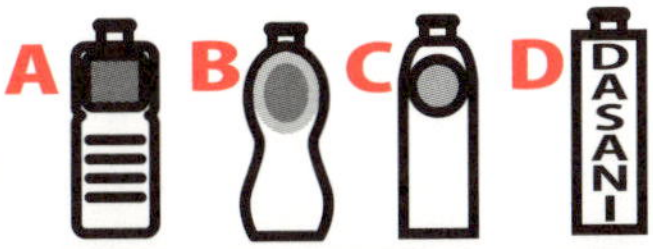
A
B
C
D
DASANI

DASANIが写り込んでいた写真の枚数	4種類のミネラルウォーターからDASANIを選んだ人
0枚だった人	17.1%
4枚だった人	21.6%
12枚だった人	40.0%

(Ferraro,R. et al. 2009)

ミネラルウォーターに関しての宣伝はいっさいなかったにもかかわらず、写真に写り込んでいた種類を選ぶ人が多かった

心理法則

62

頼みごとは恋人を思わせてから

恋愛感情は人を優しくさせる

あなたには恋人がいますか？　今、ここでその恋人のことを思ってください。現在フリーの人は、元カレ／元カノとの楽しかった記憶を思い出してください。

どうですか？　なんとなく幸せな気分になり、心に宿る甘酸っぱい恋愛感情を感じませんか？

――今、筆者は、言葉だけであなたにイメージを想起させて、あなたの心を動かした。これを心理学では「プライミング」の効果という。

なかには何も感じなかった人がいるかもしれないが、本書は心理法則を解説する本であって、あなたの心理分析をする本ではないため、気にせず話を進めよう。

そこで1つ、恋愛感情が及ぼす効果についての実験データを紹介したい。

パリ大学のリュボマー・ラミー博士は、30～50代の253名の歩行者に声をかけ、「あなたの好きな音楽について聞かせてください」というものと、「あなたの恋人について聞かせてください」という2種類のアンケートをとった。

アンケートが終わり、歩行者が50メートル離れたところでサクラが「バスに乗るため小銭をください」と声をかけた。すると、アンケートで「音楽」を聞かれた人は17・3％しか小銭をくれなかったのに対し、「恋人」のことを聞かれた人は31・0％も小銭をくれた。

つまり、アンケートで**恋人について尋ねられた人たちは「プライミング」によって恋愛感情を喚起させられ、ハッピーな気分になり、他人に対して親切になった**のだ。

だからこれからは、何か援助を頼むときには、先に恋愛感情を喚起させてから頼むと効果が上がるだろう。

相手の携帯の待ち受け画面が恋人の写真であったりすると、話すきっかけとしてはまさに好都合だ。

言葉のイメージで心は動く

グレイトマイヤー博士による別の実験

① この歌を聴いてください

Aグループ

♪ 普通の曲

Bグループ

♪ 愛他的な歌詞の曲

↓

プライミング

② 謝礼として2ユーロ差し上げます。
これを募金してくれませんか？

Aグループ　　Bグループ

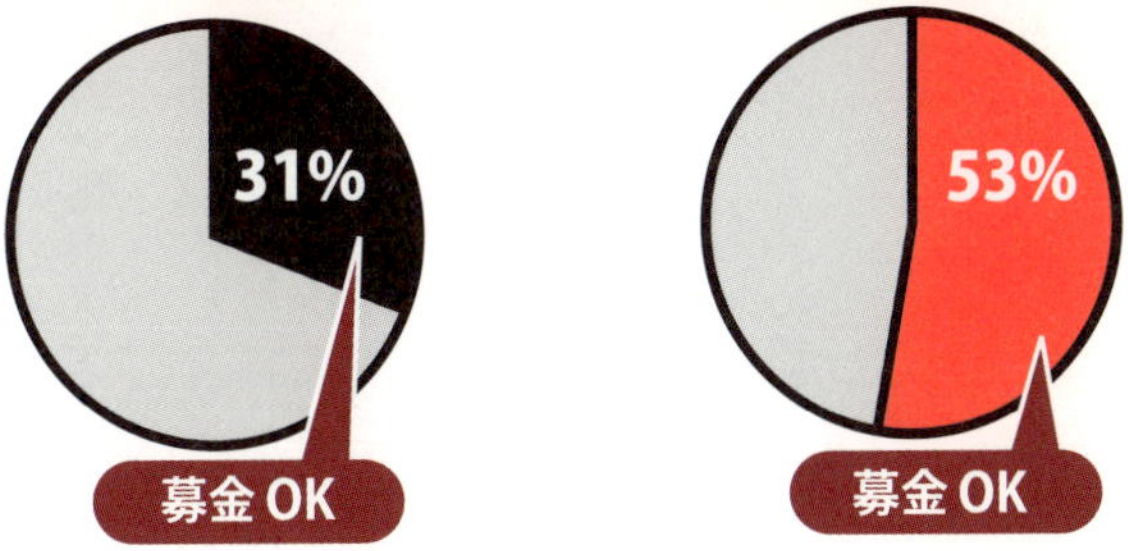

(Greitemeyer,T.2009)

心温まる話や歌詞を聞くだけで、プライミングされて親切な気分になり、人に優しくなる

おわりに

本書では、あなたの人生を変えるかもしれないほどの力を秘めた心理法則を、これでもかというほど紹介してきた。

古くから知られている古典的な心理法則もあれば、つい最近発見された心理法則まで、広く網羅してあり、これ一冊で十分な心理学の知識を得ることができるはずだ。

もちろん、どれも机上の空論などではない。実際の人間関係で大いに役立つものばかりなので、ぜひとも実践の場で活用していただきたい。

心理学ほど、実践の学問はないといっていいだろう。本書においても、これらの心理法則を解説する際には、実際におこなわれた豊富な実験データを使用している。

しかし、本書で紹介している実験結果などはすべて欧米のものである。

そこで、次のような疑念を抱く人も少なくないだろう。

「日本人とアメリカ人では国民性が違うから、アメリカの研究データなんて、参考にならないのでは?」

これは筆者が講演会などに行ったときにも、よく聞かれる質問である。

しかし、そのような心配をする必要はないと断言する。

なぜなら、アメリカは多民族国家であり、さまざまな人種や宗教の人々が共存している。そのため、むしろアメリカでの研究データこそ、国籍や肌の色、思想信条などを超えた普遍性をもっているといえるのである。

実際、ハリウッド映画を観ていても、簡単に感情移入することができるだろう。心の奥深くを研究する心理学にとって、国籍の違いなどさほど大きな問題ではないのである。

本書の内容も、極めて普遍的な心理法則の紹介であることを、ここに保証しておこう。

さて、ここまで読んでいただいた読者のみなさまに感謝したい。筆者が本書を上梓できるのも、読者のみなさまのおかげである。

最後に、ＰＨＰ研究所生活文化出版部の大谷泰志編集長に御礼を述べて、筆を置くとする。

内藤誼人

your customers: The impact of perceived salesperson listening behavior on relationship outcomes. *Journal of Academy of Marketing Science,* 25, 127-137.

Reevy, G. M. & Maslach, C. 2001 Use of social support: Gender and personality differences. *Sex Roles,* 44, 437-459.

Robinson, J., & Zebrowitz, L. M. 1982 Impact of salient vocal qualities on causal attribution for a speaker's behavior. *Journal of Personality and Social Psychology,* 43, 236-247.

Ross, L., Lepper, M. R., & Hubbard, M. H. 1975 Perseverance in self-perception and social perception: Biased attributional processes in the debriefing paradigm. *Journal of Personality and Social Psychology,* 32, 880-892.

Sela, A., Berger, J., & Liu, W. 2009 Variety, vice, and virtue: How assortment size influences option choice. *Journal of Consumer Research,* 35, 941-951.

Sharpe, K. M., Staelin, R., & Huber, J. 2008 Using extremeness aversion to fight obesity: Policy implications on context dependent demand. *Journal of Consumer Research,* 35, 406-422.

Shrauger, S., & Jones, S. C. 1968 Social validation and interpersonal evaluations. *Journal of Experimental Social Psychology,* 4, 315-323.

Siegman, A. W. 1976 Do noncontingent interviewer Mm-hmms facilitate interviewee productivity? *Journal of Consulting and Clinical Psychology,* 44, 171-182.

Silverthorne, C., Micklewright, J., O'Donnell, M., & Gibson, R. 1976 Attribution of personal characteristics as a function of the degree of touch on initial contact and sex. *Sex Roles,* 2, 185-193.

Smoll, F. L. Smith, R. E., Barnett, N. P., & Everett, J. J. 1993 Enhancement of children's self-esteem through social support training for youth sport coaches. *Journal of Applied Psychology,* 78, 602-610.

Strick, M., van Baaren, R. B., Holland, R. W., & van Knippenberg, A. 2009 Humor in advertisements enhances product liking by mere association. *Journal of Experimental Social Psychology: Applied,* 15, 35-45.

Tormala, Z. L., DeSensi, V. L., & Petty, R. E. 2007 Resisting persuasion by illegitimate means: A metacognitive perspective on minority influence. *Personality and Social Psychology Bulletin,* 354-367.

Ulkumen, G., Thomas, M., & Morwitz, V. G. 2008 Will I spend more in 12 months or a year? The effect of ease of estimation and confidence on budget estimates. *Journal of Consumer Research,* 35, 245-256.

Van den Putte, B., & Dhondt, G. 2005 Developing successful communication strategies: A test of an integrated framework for effective communication. *Journal of Applied Social Psychology,* 35, 2399-2420.

VanKleef, G. A. DeDrew, C. K. W., & Manstead, A. S. R. 2004 The interpersonal effects of anger and happiness in negotiations. *Journal of Personality and Social Psychology,* 86, 57-76.

Walter, E., Walter, W., Piliavin, J., & Schmidt, L. 1973 "Playing hard to get" : Understanding an elusive phenomenon. *Journal of Personality and Social Psychology,* 26, 113-121.

Weisbuch, M., Sinclair, S. A., Skorinko, J. L., & Eccleston, C. P. 2009 Self-esteem depends on the beholder: Effects of a subtle social value cue. *Journal of Experimental Social Psychology,* 45, 143-148.

White, K., & Lehman, D. R. 2005 Culture and comparison seeking: The role of self motives. *Personality and Social Psychology Bulletin,* 31, 232-242.

Zaragoza, M. S., Payment, K. E., Ackil, J. K., Drivdahl, S. B., & Beck, M. 2001 Interviewing witnesses: Forced confabulation and confirmatory feedback increase false memories. *Psychological Science,* 12, 473-477.

Zitek, E. M., Jordan, A. H., Monin, B., & Leach, F. R. 2010 Victim entitlement to behave selfishly. *Journal of Personality and Social Psychology,* 98, 245-255.

キングマ，D. R.（玉置悟訳）『好きな人と最高にうまくいく本』KK ベストセラーズ（1997年）

スタンリー，T. J.（広瀬順弘訳）『なぜ、この人たちは金持ちになったのか』日本経済新聞社（2001 年）

リーバーマン，D. J.（山田仁子訳）『相手の隠しごとを丸ハダカにする方法』ダイヤモンド社（2010 年）

Personality and Social Psychology, 53, 257-272.

Hall, J. A., Epstein, A. M., De Ciantis, M. L., & McNeil, B. J. 1993 Physicians' liking for their patients: More evidence for the role of affect in medical care. *Health Psychology*, 12, 140-146.

Heslin, R. & Sommers, P. M. 1987 The sleeper effect: Susceptibility of selective avoiders who hold extreme views. *Psychological Reports*, 61, 982.

Higgins, E. T., Cesario, J., Hagiwara, N., Spiegell, S., & Pittman, T. 2010 Increasing or decreasing internet in activities: The role of regulatory fit. *Journal of Personality and Social Psychology*, 98, 559-572.

Homer, P. M., & Kahle, L. R. 1990 Source expertise, time of source identification and involvement in persuasion: An elaborative processing perspective. *Journal of Advertising*, 19, 30-39.

Howard, D. J., Gengler, C., & Jain, A. What's in a name? A complimentary means of persuasion. *Journal of Consumer Research*, 22, 200-211.

Jiang, L., Hoegg, J., Dahl, D. W., & Chattopadhyay, A. 2010 The persuasive role of incidental similarity on attitude and purchase intentions in a sales context. *Journal of Consumer Research*, 36, 778-791.

Jones, D. A., & Skarlicki D. P. 2005 The Effect of Overhearing Peers Discuss an Authority's Fairness Reputation on Reactions to Subsequent Treatment. *Journal of Applied Psychology*, Vol. 90, No. 2, 363-372.

Kaplan, K. J., firestone, I. J., Degnore, R., & Moore, M. 1974 Gradients of attraction as a function of disclosure probe intimacy and setting formality: On distinguishing attitude oscillation from attitude change-study one. *Journal of Personality and Social Psychology*, 30, 638-646.

Karmarkar, U. R., & Tormala, Z. L. 2010 Believe me, I have no idea what I'm talking about: The effects of source certainty on consumer involvement and persuasion. *Journal of Consumer Research*, 36, 1033-1049.

Kassin, S. M., & Kiechel, K. L. 1996 The social psycology of confessions: Compliance, internalization and confabulation. *Psychological Science*, 7, 125-128.

Lamy, L., Fischer-Lokou, J., & Gueguen, N. 2008 Semantically induced memories of love and helping behavior. *Psychological Reports*, 102, 418-424.

Lindsey, L. L. M., Yun, K. A., & Hill, J. B. 2007 Anticipated guilt as motivation to help unknown others: An examination of empathy as a moderator. *Communication Research*, 34, 468-480.

Liu, W., & Aaker, J. 2008 The happiness of giving: The time-ask effect. *Journal of Consumer Research*, 35, 543-557.

Lount, R. B. Jr. 2010 The impact of positive mood on trust in interpersonal and intergroup interactions. *Journal of Personality and Social Psychology*, 98, 420-433.

McCullough, J. L., & Ostrom, T. M. 1974 Repetition of highly similar messages and attitude change. *Journal of Applied Psychology*, 59, 395-397.

McGarty, C., Haslam, S. A., Hutchinson, K. J., & Turner, J. C. 1994 The effects of salience group memberships on persuasion. *Small Group Research*, 25, 267-293.

McMahan, C. R. 1991 Evaluation and reinforcement: What do males and females really want to hear? *Sex Roles*, 24, 771-783.

Miles, L. K. 2009 Who is approachable? *Journal of Experimental Social Psychology*, 45, 262-266.

Mishra, H., Shiv, B., & Nayakankuppam, D. 2008 The blissful ignorance effect: Pre-versus post-action effects on outcome expectancies arising from precise and vague information. *Journal of Consumer Research*, 35, 573-585.

Pinto, M. B. 2000 On the nature and properties of appeals used in direct-to-consumer advertising of prescription drugs. *Psychological Reports*, 86, 597-607.

Principe, G. F., Kanaya, T., Ceci, S. J., & Singh, M. 2006 Believing is seeing: How rumors can engender false memories in preschoolers. *Psychological Science*, 17, 243-248.

Raghubir, P., & Srivastava, J. 2008 Monopoly money: The effect of payment coupling and form on spending behavior. *Journal of Experimental Psychology: Applied*, 14, 213-225.

Raghubir, P., & Srivastava, J. 2009 The denomination effect. *Journal of Consumer Research*, 36, 701-714.

Ramsey, R. P. & Sohi, R. S. 1997 Listening to

■参考文献

Allen, C. T., Schewe, C. D., & Wijk, G. 1980 More on self-perception theory's foot technique in the pre-call/mail survey setting. *Journal of Marketing Research,* 17, 498-502.

Andersen, P., & Nordvik, H. 2002 Possible Barnum effect in the five factor model: Do respondents accept random NEO personality inventory-revised scores as their actual trait profile? *Psychological Reports*, 90, 539-545.

Apple, W., Streeter, L. A., & Krauss, R. M. 1979 Effects of pitch and speech rate on personal attributions. *Journal of Personality and Social Psychology*, 37, 715-727.

Baker, W. E., Honea, H., & Russell C. A. 2004 Do not wait to reveal the brand name. *Journal of Advertising,* 33, 77-85.

Barry, H.Ⅲ 2007 Characters named Charles or Chaeley in novels by Charles Dickens. *Psychological Reports,* 101, 497-500.

Barry, R. Ruback. & Juieng, D. 1997 Territorial defense in parking lots: Retaliation against waiting drivers. *Journal of Applied Social Psychology*, 27, 821-834.

Bickman, L. 1974 The social power of a uniform. *Journal of Applied Social Psychology*, 4, 47-61.

Bilewicz, M. 2009 Perspective taking and intergroup helping intentions: The moderating role of power relations. *Journal of Applied Social Psychology,* 39, 2779-2786.

Bowman, G. W. 1964 What helps or harms promotability? *Harvard Business Review,* January/February, 6-27.

Buehler, R. Griffin, D., & Ross, M. 1994 Exploring the "Planning Fallacy" : Why people underestimate their task completion times. *Journal of Personality and Social Psychology*, 67, 366-381.

Bui, N. H. 2007 Effect of evaluation threat on procrastination behavior. *Journal of Social Psychology*, 147, 197-209.

Calder, B. J., Insko, C. A., & Yandell, B. 1974 The relation of cognitive and memorial processes to persuasion in a simulated jury trial. *Journal of Applied Social Psychology*, 4, 62-93.

Chartrand, T. L., & Bargh, J. A. 1999 The chameleon effect: The perception-behavior link and social interaction. *Journal of Personality and Social Psychology*, 76, 893-910.

Cooper, G., Tindall-Ford, S., Chandler, P., & Sweller, J. 2001 Learning by imagining. *Journal of Experimental Psychology: Applied,* 7, 68-82.

Dillard, J. P. & Fitzpatrick, M. A. 1985 Compliance-gaining in marital interaction. *Personality and Social Psychology Bulletin*, 11, 419-433.

Elder, R. S., & Krishna, A. 2010 The effects of advertising copy on sensory thoughts and perceived taste. *Journal of Consumer Research,* 36, 748-756.

Ferraro, R., Bettman, J.R., & Chartrand, T. L. 2009 The power of strangers: The effect of incidental consumer brand encounters on brand choice. *Journal of Consumer Research,* 35, 729-741.

Galinsky, A. D., & Mussweiler, T. 2001 First offers as anchors: The role of perspective-taking and negotiator focus. *Journal of Personality and Social Psychology,* 81, 657-669.

Gardikiotis, A. 2005 Group consensus in social influence: Type of consensus information as a moderator of majority and minority influence. *Personality and Social Psychology Bulletin*, 31, 1163-1174.

Giacalone, R. A., & Riordan, C. A. 1990 Effect of self-presentation on perceptions and recognition in an organization, *Journal of Psychology,* 124, 25-38.

Goldman, M. & Creason, C. R. 1981 Inducing compliance by a two-door-in-the-face procedure and a self-determination request. *Journal of Social Psychology,* 114, 229-235.

Goldstein, N. J., Cialdini, R. B., & Griskevisius, V. 2008 A room with a viewpoint: Using social norms to motivate environmental conservation in hotels. *Journal of Consumer Research,* 35, 472-482.

Grant, A. M., & Gino, F. 2010 A little thanks goes a long way: Explaining why gratitude expressions motivate prosocial behavior. *Journal of Personality and Social Psychology,* 98, 946-955.

Greitemeyer, T. 2009 Effects of songs with prosocial lyrics on prosocial thoughts, affect, and behavior. *Journal of Experimental Social Psychology*, 45, 186-190.

Halberstadt, A. G. & Saitta, M. B. 1987 Gender, nonverbal behavior, and perceived dominance: A test of the theory. *Journal of*

企画・制作／ラボレックス
カバーデザイン／斉藤よしのぶ
本文イラスト／ゆずりはさとし

〈著者略歴〉

内藤誼人（ないとう・よしひと）

心理学者。立正大学特任講師。有限会社アンギルド代表取締役。

社会心理学の知見をベースに、ビジネスを中心とした実践的分野への応用に力を注ぐ。その軽妙な心理分析には定評がある。

主な著書に『武器になる会話術』（PHP研究所）、『合コンで座るべき場所はどこか？』（廣済堂出版）、『ワルの「モテしぐさ」』（学習研究社）など多数。


【図解】

一瞬で人を操る心理法則

2011年4月1日　第1版第1刷発行
2011年8月11日　第1版第3刷発行

著　者　内　藤　誼　人
発行者　安　藤　卓
発行所　株式会社ＰＨＰ研究所

東京本部　〒102-8331 東京都千代田区一番町21
生活文化出版部　☎03-3239-6227（編集）
普及一部　☎03-3239-6233（販売）
京都本部　〒601-8411 京都市南区西九条北ノ内町11
PHP INTERFACE　http://www.php.co.jp/

印刷所
製本所　図書印刷株式会社

ISBN978-4-569-79595-9